La fabbrica del consenso

Decifrare le tecniche di manipolazione di massa

Contenuti

Introduzione alla manipolazione di massa e al consenso

La manipolazione di massa è un concetto complesso che implica l'uso di tecniche e strategie per influenzare i comportamenti, le opinioni e le credenze delle masse. È onnipresente nella nostra società contemporanea, in cui governi, aziende e media cercano di plasmare il nostro modo di pensare e comportarci.

Il consenso, d'altra parte, è un concetto che si riferisce all'approvazione o all'accettazione di un'idea o di una proposta. Nel contesto della manipolazione di massa, il consenso è spesso ottenuto utilizzando tecniche di persuasione e influenza per far sì che le persone accettino idee che vanno contro i propri interessi.

La storia della manipolazione di massa risale all'antichità, quando i leader utilizzavano discorsi e cerimonie per influenzare le folle. Nel corso del tempo, le tecniche di manipolazione si sono perfezionate e oggi sono onnipresenti nei media di massa, nelle campagne pubblicitarie, nelle elezioni politiche, nei conflitti armati e nei movimenti sociali.

Gli attori chiave coinvolti nella manipolazione di massa sono molteplici e variegati. I governi spesso utilizzano la propaganda per influenzare l'opinione pubblica e giustificare le proprie azioni politiche. Le aziende utilizzano campagne pubblicitarie sofisticate per vendere i loro prodotti. I media di massa hanno un immenso potere nella diffusione delle informazioni e nella creazione dell'opinione pubblica.

Per comprendere meglio la manipolazione di massa, è essenziale fare affidamento sulle teorie della comunicazione e del controllo sociale. Il modello di propaganda di Herman e Chomsky, la teoria dell'agenda-setting, la teoria della spirale del silenzio, la teoria dei due passaggi (Two-step flow) e la teoria della risonanza cognitiva sono alcune delle principali teorie utilizzate per decifrare i meccanismi della manipolazione di massa.

Le tecniche di persuasione e influenza sono anche fondamentali per comprendere la manipolazione di massa. I principi di persuasione di Cialdini, la ripetizione, la disinformazione, il richiamo all'autorità, l'effetto di esposizione semplice, l'influenza normativa e informativa, le tecniche di storytelling e di framing sono tutte strategie utilizzate per manipolare le masse.

I bias cognitivi svolgono anche un ruolo importante nella manipolazione di massa. I bias di conferma, di gruppo, di ancoraggio, di effetto di alone e di credenza acritica sono esempi di bias cognitivi che possono essere sfruttati per manipolare le opinioni.

La psicologia delle folle e il comportamento collettivo sono anche ambiti chiave per comprendere la manipolazione di massa. Le teorie di Gustave Le Bon e Sigmund Freud, il conformismo, l'obbedienza e la disindividuazione, il fenomeno della polarizzazione di gruppo e l'effetto di disinibizione online sono tutti fenomeni che possono essere utilizzati per influenzare i comportamenti di massa.

I media di massa sono anche un elemento chiave della

manipolazione di massa. La concentrazione dei media e il potere economico, le fake news e la post-verità, le strategie di distrazione e di polarizzazione, le tecniche di gatekeeping e di framing e l'influenza delle relazioni pubbliche e del lobbying sono tutte strategie utilizzate per influenzare la diffusione delle informazioni e le opinioni pubbliche.

Con l'avvento dei social media, sono emerse nuove forme di manipolazione di massa. Gli effetti delle echo chamber e delle filter bubble, la viralità e i meccanismi di coinvolgimento, i bot e i troll, gli algoritmi e la polarizzazione delle opinioni, e il micro-targeting e la pubblicità personalizzata sono esempi di tecniche che possono essere utilizzate per influenzare i comportamenti e le opinioni online.

La manipolazione di massa è anche una questione importante in politica. Le tecniche di comunicazione politica, l'uso di sondaggi e dati per manipolare l'opinione, la gestione dell'immagine e del discorso politico, le tecniche di gerrymandering e di soppressione degli elettori sono tutte strategie utilizzate per influenzare i risultati delle elezioni e le opinioni politiche.

Tuttavia, è importante resistere alla manipolazione di massa e promuovere il pensiero critico e la consapevolezza civica. L'educazione ai media e all'informazione, l'importanza della diversità delle fonti di informazione, lo sviluppo del pensiero critico e razionale, l'incoraggiamento al dialogo e al dibattito costruttivo, e il ruolo dei whistleblower e delle organizzazioni di fact-checking sono tutte strategie per combattere la manipolazione di massa.

Definizione della manipolazione di massa e del consenso

La manipolazione di massa può essere considerata una forma di influenza sociale su larga scala che si basa sull'uso di un insieme di tecniche e strategie di persuasione volte a modificare le opinioni, le attitudini e i comportamenti di un grande gruppo di persone. Le tecniche di manipolazione di massa possono variare, dalla ripetizione di messaggi chiave alla creazione di un clima di paura o minaccia, passando per l'uso di personaggi pubblici per suscitare adesione a una causa.

Il consenso, d'altra parte, si riferisce all'accettazione o all'approvazione consapevole e volontaria di una proposta, una richiesta o un'azione. Nel contesto della manipolazione di massa, il consenso può essere ottenuto artificialmente attraverso diversi mezzi, come la persuasione, la pressione sociale o la manipolazione. Le tecniche di persuasione, come i principi di persuasione di Cialdini, possono essere utilizzate per far cambiare opinione alle persone o per far adottare un comportamento specifico. La pressione sociale, d'altra parte, può essere esercitata dal gruppo o dalla comunità per promuovere la conformità alle norme sociali.

È importante sottolineare che la manipolazione di massa può essere utilizzata a scopi positivi o negativi. I governi possono utilizzarla per mobilitare l'opinione pubblica a favore di una causa legittima, come la promozione della salute pubblica. Tuttavia, la manipolazione di massa può anche essere utilizzata in modo abusivo per ingannare le persone o promuovere ideologie estremiste e antidemocratiche.

I media, i gruppi di interesse e le aziende hanno tutti un ruolo chiave nella manipolazione di massa. I media, ad esempio, possono influenzare l'opinione pubblica selezionando e presentando notizie secondo determinati pregiudizi, creando così un'agenda mediatica che definisce le priorità dei dibattiti pubblici. I gruppi di interesse, come le lobby, possono esercitare pressioni per far avanzare le proprie particolari agende, mentre le aziende possono utilizzare tecniche di marketing per incoraggiare le persone ad acquistare i loro prodotti.

In sintesi, la manipolazione di massa e il consenso sono concetti strettamente correlati che svolgono un ruolo cruciale nella nostra comprensione di come le opinioni e i comportamenti possano essere influenzati su larga scala. Comprendere le tecniche e le strategie utilizzate per manipolare le masse è essenziale per rafforzare il pensiero critico e la vigilanza collettiva di fronte alla propaganda e alla disinformazione.

Obiettivi e sfide della manipolazione di massa

La manipolazione di massa è una pratica che mira a influenzare la percezione, le credenze e i comportamenti di un gran numero di persone contemporaneamente. L'obiettivo principale di questa pratica è suscitare un consenso implicito o esplicito nelle persone coinvolte, al fine di indurle ad adottare atteggiamenti e comportamenti specifici. Le sfide della manipolazione di massa sono molteplici e variano a seconda degli attori coinvolti nel processo.

Una delle sfide più importanti della manipolazione di massa è
la diffusione di false informazioni e teorie del complotto. Nel
contesto attuale di sovraccarico di informazioni, è sempre più
difficile per le persone distinguere tra informazioni affidabili
e non affidabili. Le false informazioni possono circolare
rapidamente e diffondersi attraverso i social media e i media
tradizionali, creando un clima di confusione e diffidenza.
Le teorie del complotto possono anche essere utilizzate
per seminare discordia e divisione all'interno della società,
mettendo in discussione la legittimità delle istituzioni e dei
governi.

Un'altra sfida importante della manipolazione di massa
è la desensibilizzazione delle persone alla violenza e
all'ingiustizia. Le immagini di violenza e ingiustizia sono
spesso utilizzate per influenzare l'opinione pubblica
e suscitare reazioni emotive nelle persone. Tuttavia,
un'esposizione eccessiva a queste immagini può portare a
una progressiva desensibilizzazione, con gravi conseguenze
sulla percezione delle persone e sulla loro capacità di reagire
alle ingiustizie.

La manipolazione di massa può anche avere gravi
conseguenze sulla salute mentale ed emotiva delle persone.
Le persone sottoposte a manipolazione di massa possono
sentirsi ingannate, arrabbiate e frustrate, con conseguenze
negative sulla loro salute mentale ed emotiva. Le persone
possono anche sviluppare disturbi d'ansia e stress post-
traumatico a causa dell'esposizione ad eventi traumatici.

Infine, una grande sfida della manipolazione di massa è il
suo impatto sulla democrazia. Infatti, quando le persone

non possono fare scelte informate, ciò può avere gravi conseguenze sui processi democratici. Le elezioni possono essere manipolate attraverso tecniche come il micro-targeting e la disinformazione, il che può avere un impatto significativo sui risultati elettorali. I cittadini devono quindi essere in grado di distinguere tra informazioni affidabili e non affidabili e di fare scelte informate.

In sintesi, la manipolazione di massa è un fenomeno complesso che presenta molte sfide. È importante riconoscere l'esistenza di questa pratica e essere in grado di identificarla al fine di proteggersi. Le persone devono essere consapevoli delle tecniche utilizzate per la manipolazione di massa, al fine di essere in grado di prendere decisioni informate e sviluppare un pensiero critico. È anche importante che i governi, i media e le aziende agiscano in modo trasparente e responsabile nella loro comunicazione con il pubblico.

Storia della manipolazione di massa e del consenso

La manipolazione di massa e il consenso hanno una storia ricca e complessa che risale all'antichità. Tuttavia, è con l'avvento dei media di massa nel XX secolo che la manipolazione di massa è diventata una preoccupazione principale per sociologi, psicologi e cittadini.

All'inizio del XX secolo, i regimi totalitari hanno utilizzato la manipolazione di massa per controllare le popolazioni. I nazisti in Germania e i comunisti in Unione Sovietica hanno utilizzato la propaganda, la censura, la repressione e il terrore per mantenere il loro potere sulle masse. Hanno anche utilizzato la teoria di Gustave Le Bon sulla psicologia delle folle per manipolare le masse creando capri espiatori, suscitando emozioni primarie e coltivando la paura.

Nelle democrazie occidentali, anche i governi hanno utilizzato la manipolazione di massa per influenzare l'opinione pubblica. Durante la guerra fredda, i governi occidentali hanno utilizzato la propaganda per demonizzare l'Unione Sovietica e i paesi comunisti. I media hanno svolto un ruolo importante nella manipolazione dell'opinione pubblica, presentando un'immagine stereotipata e semplificata del nemico. I media hanno anche utilizzato tecniche di framing per presentare gli eventi da un determinato punto di vista. Negli anni '50, il sociologo Paul Lazarsfeld ha sviluppato la teoria dei due passaggi (Two-step flow) per descrivere il ruolo dei leader d'opinione nella diffusione dei messaggi.

Nel XXI secolo, la manipolazione di massa è diventata più sottile e sofisticata grazie alle nuove tecnologie dell'informazione e della comunicazione. I social media hanno consentito a governi, aziende e gruppi di interesse particolari di mirare a pubblici specifici con messaggi personalizzati e pubblicità mirate. I social media hanno anche creato le cosiddette bubble filter e le echo chamber, dove le opinioni vengono rafforzate dalla validazione sociale. I bot e i troll vengono anche utilizzati per amplificare i messaggi e creare falsi dibattiti.

La storia della manipolazione di massa mostra che la resistenza a questa manipolazione è difficile ma possibile.

I movimenti sociali, i whistleblower e le organizzazioni di fact-checking hanno svolto un ruolo importante nel denunciare la manipolazione di massa. L'educazione ai media e all'informazione è anche essenziale per aiutare i cittadini a sviluppare il proprio pensiero critico e la capacità di individuare i tentativi di manipolazione. Infine, le regolamentazioni e le leggi possono essere utili per limitare la manipolazione di massa da parte dei governi e delle aziende.

In conclusione, la manipolazione di massa e il consenso hanno una storia complessa e variegata. Le nuove tecnologie hanno creato nuove opportunità per la manipolazione di massa, ma anche per la resistenza a questa manipolazione. La comprensione delle tecniche di manipolazione di massa è essenziale per una cittadinanza informata e per la difesa dei diritti e delle libertà individuali.

Ruolo degli attori chiave nella manipolazione di massa (governi, aziende, media)

La manipolazione di massa è un fenomeno complesso e multiforme che coinvolge spesso la partecipazione di diversi attori chiave, come i governi, le aziende e i media. Ciascuno di questi attori utilizza diverse modalità per influenzare le opinioni e i comportamenti delle masse in base ai propri interessi specifici.

I governi spesso hanno obiettivi politici e sociali che cercano di realizzare. Per farlo, utilizzano diverse tecniche per influenzare l'opinione pubblica, come la propaganda, la disinformazione, la censura e la repressione. I governi

possono anche utilizzare mezzi più subdoli per manipolare
le masse, come l'istituzione di programmi di formazione per
promuovere una certa ideologia, l'uso della paura per indurre
le persone ad agire in un certo modo o la diffusione di false
notizie per screditare persone o gruppi specifici. È importante
notare che i governi possono anche utilizzare i media per
diffondere messaggi specifici.

Le aziende, d'altra parte, hanno interessi economici specifici
che spesso cercano di proteggere e promuovere. Possono
utilizzare diverse strategie per influenzare l'opinione pubblica
e i comportamenti dei consumatori, come la pubblicità, il
lobbying, la gestione della reputazione online, il patrocinio di
eventi e il sostegno di celebrità. Le aziende possono anche
utilizzare specifiche tecniche di marketing per influenzare
le decisioni di acquisto dei consumatori, come la creazione
di bisogni artificiali, la manipolazione della percezione
dei prodotti e la creazione di connessioni emotive con i
consumatori. È importante notare che le aziende possono
anche utilizzare i governi per proteggere i propri interessi
economici.

Infine, i media svolgono anch'essi un ruolo importante
nella manipolazione di massa. I media hanno un accesso
privilegiato alle informazioni e possono quindi influenzare
le opinioni e i comportamenti delle masse diffondendo
messaggi specifici. I media possono utilizzare diverse
strategie per influenzare l'opinione pubblica, come la
selezione degli argomenti da coprire, il modo in cui vengono
presentati e le informazioni che contengono. I media possono
anche utilizzare specifiche tecniche di manipolazione, come
la creazione di false notizie, la disinformazione, la ripetizione,

la manipolazione delle emozioni e la polarizzazione. È importante notare che i media possono anche utilizzare le aziende per finanziare le proprie attività.

È quindi fondamentale per i cittadini comprendere il ruolo di questi attori chiave nella manipolazione di massa e sviluppare competenze critiche per identificare e contrastare le tecniche di manipolazione utilizzate. La formazione ai media e all'informazione, così come lo sviluppo del pensiero critico e razionale, sono essenziali per rafforzare la capacità dei cittadini di resistere alla manipolazione di massa. Inoltre, la promozione della trasparenza e della responsabilità nelle istituzioni e nelle organizzazioni internazionali può contribuire a limitare gli abusi di potere legati alla manipolazione di massa.

In sintesi, la manipolazione di massa è un fenomeno che riguarda tutti e che può avere conseguenze gravi sulla società. È importante prendere coscienza delle diverse tecniche di manipolazione utilizzate dagli attori chiave, al fine di non cadere nella trappola dell'opinione pubblica manipolata.

Teorie della comunicazione e del controllo sociale

In questa sezione, esploreremo le principali teorie della comunicazione e del controllo sociale. Queste teorie ci aiutano a comprendere come i media e le istituzioni influenzino le opinioni e i comportamenti degli individui.

Il modello di propaganda di Herman e Chomsky è una delle teorie più conosciute. Secondo questo modello, i media sono controllati dalle élite economiche e politiche che utilizzano la propaganda per mantenere il loro potere. I media si concentrano su argomenti che supportano gli interessi di queste élite, mentre gli argomenti che minacciano il loro potere vengono ignorati o minimizzati.

Un'altra teoria importante è quella dell'agenda-setting, che spiega come i media influenzino l'importanza che le persone attribuiscono a diversi argomenti. I media hanno un potere considerevole nel determinare gli argomenti che vengono discussi nella società, scegliendo cosa viene coperto dai giornali, dalla televisione e dai social media.

La teoria della spirale del silenzio spiega come le persone esitino a esprimere opinioni che sono in contrasto con la maggioranza della società. Le persone hanno paura di essere respinte o derise, quindi spesso tengono le loro opinioni per sé. Ciò può portare a una falsa impressione di unanimità, dove le opinioni minoritarie vengono nascoste o ignorate.

La teoria delle due fasi (Two-step flow) descrive come opinioni e idee si diffondano attraverso la società. Secondo questa teoria, i media trasmettono prima le idee a opinion leader, che a loro volta influenzano le opinioni e i comportamenti della popolazione in generale. Gli opinion leader possono essere personaggi pubblici, esperti, amici o membri della famiglia.

La teoria della risonanza cognitiva spiega come i media e le istituzioni possano rafforzare le credenze e le opinioni degli individui fornendo informazioni che supportano tali credenze. Ad esempio, se una persona crede che gli immigrati siano pericolosi per la società, i media possono fornire storie sensazionalistiche che rafforzano questa credenza, portando a una polarizzazione della società e alla diffidenza verso gli immigrati.

In sintesi, queste teorie ci aiutano a capire come i media e le istituzioni possano influenzare le opinioni e i comportamenti degli individui. Tuttavia, è importante notare che gli individui hanno anche la capacità di pensiero critico e possono resistere a queste influenze. La prossima sezione esplorerà le tecniche di persuasione e influenza utilizzate per manipolare le opinioni e i comportamenti degli individui.

Modello di propaganda di Herman e Chomsky

Prima di parlare del modello di propaganda di Herman e Chomsky, è importante capire cosa sia la propaganda. La propaganda può essere definita come un insieme di tecniche di comunicazione volte a influenzare l'opinione

e i comportamenti di un gruppo o di una società tramite
messaggi tendenziosi, spesso ingannevoli o fallaci, per
manipolare le emozioni e il pensiero delle persone.

Il modello di propaganda di Herman e Chomsky è una teoria
sviluppata da Edward Herman e Noam Chomsky nel loro libro
del 1988, «Manufacturing Consent: The Political Economy
of the Mass Media». Questa teoria sostiene che i media di
massa, sebbene si presentino come custodi della democrazia
e della libertà di espressione, sono in realtà strumenti di
manipolazione di massa, di produzione del consenso e di
difesa degli interessi delle élite economiche e politiche.

Il modello di propaganda di Herman e Chomsky si basa
su cinque filtri che, secondo loro, consentono ai media di
produrre un discorso conformista e omogeneo che riflette gli
interessi e i valori delle élite economiche e politiche:

Il filtro della proprietà: i media sono spesso di proprietà
di grandi aziende, oligarchi o interessi politici, che hanno
obiettivi economici e politici da difendere. Questi proprietari
influenzano le decisioni editoriali e le linee guida del media,
in base ai loro interessi.

Il filtro della pubblicità: i media dipendono dalla pubblicità
per sopravvivere e sono quindi inclini a piacere ai loro
annunciatori evitando di pubblicare contenuti che potrebbero
offenderli o infastidirli.

Il filtro delle fonti: i media tendono a privilegiare fonti ufficiali
ed esperti che riflettono i punti di vista delle élite economiche

e politiche, piuttosto che fonti alternative o dissidenti.

Il filtro della «flak»: i media sono spesso soggetti a pressioni e critiche da parte di gruppi di pressione, organizzazioni governative o individui influenti che cercano di imporre il loro punto di vista o impedire la diffusione di determinate informazioni. Questa «flak» può assumere la forma di lettere di protesta, cause legali, campagne diffamatorie o boicottaggi.

Il filtro dell'ideologia: i media spesso riflettono i valori e le credenze delle élite economiche e politiche, che tendono a favorire politiche economiche neoliberali, militarismo, nazionalismo, conservatorismo o liberalismo. I media possono anche utilizzare stereotipi e pregiudizi per marginalizzare gruppi minoritari o dissidenti.

Il modello di propaganda di Herman e Chomsky mostra che i media hanno un ruolo chiave nella manipolazione di massa, plasmando le percezioni, le attitudini e le credenze delle persone su argomenti come politica, economia, guerra, ambiente o diritti umani. I media possono quindi influenzare il comportamento degli individui, le decisioni politiche, le scelte economiche e di consumo, sfruttando i bias cognitivi, le emozioni e le aspirazioni delle persone.

Per illustrare il loro modello di propaganda, Herman e Chomsky hanno analizzato i media americani durante la guerra del Vietnam, mostrando come i cinque filtri abbiano contribuito a sostenere la politica imperialista e militarista del governo americano e a marginalizzare le voci dissidenti e pacifiste. I media hanno così presentato la guerra come una lotta contro il comunismo e per la democrazia, evitando di mostrare le atrocità commesse dall'esercito americano e demonizzando i vietnamiti. I media hanno inoltre privilegiato fonti ufficiali ed esperti favorevoli alla guerra, evitando di dare voce agli oppositori della guerra. I media sono stati anche sottoposti a pressioni e attacchi da parte dei sostenitori della guerra, che hanno utilizzato la «flak» per screditare i giornalisti critici.

Il modello di propaganda di Herman e Chomsky mostra che la manipolazione di massa non è il risultato di un complotto segreto o di una cospirazione organizzata, ma piuttosto il risultato di un sistema di controllo sociale e produzione del consenso che coinvolge la partecipazione consapevole o inconscia degli attori sociali. La teoria della propaganda di Herman e Chomsky invita quindi ad una riflessione critica sul ruolo dei media, delle élite economiche e politiche e della società civile nella costruzione dell'opinione pubblica e nella promozione della democrazia e della giustizia sociale.

In sintesi, il modello di propaganda di Herman e Chomsky mostra che i media di massa non sono neutrali e obiettivi, ma sono sottoposti a influenze politiche, economiche e ideologiche che distorto il loro discorso e la presentazione della realtà. Questo modello invita alla vigilanza e alla riflessione critica sulle fonti e sui contenuti mediatici, nonché alla promozione della diversità, della trasparenza e della responsabilità nel campo della comunicazione e dell'informazione.

Teoria dell'agenda-setting

La teoria dell'agenda-setting è una teoria della comunicazione che suggerisce che i media di massa hanno la capacità di definire l'ordine del giorno pubblico scegliendo gli argomenti di attualità da trattare e conferendo loro un'importanza particolare. In altre parole, i media hanno il potere di determinare a cosa il pubblico dovrebbe prestare attenzione, il che può influenzare le opinioni e le attitudini delle persone.

Questa teoria è stata sviluppata negli anni '70 dai ricercatori Maxwell McCombs e Donald Shaw, che hanno studiato la copertura mediatica delle elezioni presidenziali americane del 1968. Hanno scoperto che gli argomenti che ricevevano più attenzione dai media erano anche quelli considerati più importanti dagli elettori.

Da allora, numerose ricerche hanno confermato l'importanza dell'agenda-setting nella formazione dell'opinione pubblica. Ad esempio, le ricerche hanno mostrato che la copertura mediatica della criminalità può influenzare la percezione del pubblico sulla sicurezza, anche se i tassi di criminalità non cambiano effettivamente. Allo stesso modo, il modo in cui i media coprono gli eventi politici può influenzare l'opinione pubblica sui problemi politici.

È importante notare che l'agenda-setting riguarda non solo gli argomenti trattati dai media, ma anche il modo in cui vengono presentati e la quantità di attenzione che ricevono. Ad esempio, se i media trattano un argomento in modo approfondito e per un lungo periodo di tempo, può dare l'impressione che sia più importante di altri argomenti che non vengono trattati allo stesso modo.

È anche importante notare che l'agenda-setting non è un processo unidirezionale in cui i media impongono i propri argomenti all'opinione pubblica. Al contrario, i media sono spesso influenzati dalle richieste e dalle aspettative del pubblico, così come dagli interessi degli attori politici ed economici.

In definitiva, la teoria dell'agenda-setting sottolinea l'importanza del ruolo dei media nella formazione dell'opinione pubblica. È importante riconoscere che le scelte editoriali dei media hanno un impatto su ciò che le persone pensano e sulle azioni che intraprendono in risposta alle notizie. I cittadini devono quindi essere consapevoli di questa influenza e utilizzare il loro pensiero critico per valutare le informazioni che ricevono dai media.

Teoria della spirale del silenzio

La teoria della spirale del silenzio è una teoria della comunicazione che spiega come si formano e si sviluppano le opinioni pubbliche. È stata formulata dalla sociologa tedesca Elisabeth Noelle-Neumann nel 1974. Secondo questa teoria, gli individui hanno una tendenza naturale a evitare di esprimere la propria opinione se essa è in contrasto con l'opinione dominante nel loro ambiente sociale immediato. Questa paura dell'isolamento sociale è chiamata «spirale del silenzio».

La paura dell'isolamento sociale è un fattore chiave nella teoria della spirale del silenzio. Le persone hanno una tendenza naturale a conformarsi alle norme sociali del loro ambiente e a evitare di esprimere la propria opinione se essa va contro l'opinione dominante. Questa paura dell'isolamento sociale può essere sfruttata dagli attori chiave per influenzare l'opinione pubblica e rafforzare il loro potere.

Così le opinioni minoritarie tendono a essere sopite e le opinioni maggioritarie sono amplificate, rafforzando la percezione che la maggioranza sia la norma. Ciò può portare a una distorsione della realtà sociale e rendere difficile prendere in considerazione prospettive diverse.

Questa teoria può essere applicata alla manipolazione di massa perché mostra come gli attori chiave possono utilizzare la pressione sociale per rafforzare il loro potere e il loro controllo sulle opinioni pubbliche. I governi, le aziende e i media possono influenzare l'opinione pubblica creando un ambiente sociale che favorisce la conformità e scoraggia gli individui ad esprimersi se hanno un'opinione diversa.

Un esempio recente della teoria della spirale del silenzio in azione è la polarizzazione politica negli Stati Uniti. I sostenitori dei due principali partiti tendono ad esprimersi pubblicamente solo se circondati da persone che condividono le loro idee. Ciò rafforza la percezione che i due partiti rappresentino le uniche opzioni valide, nonostante esistano alternative.

Per contrastare la manipolazione di massa derivante dalla teoria della spirale del silenzio, è importante promuovere un ambiente sociale che favorisca la libertà di espressione e la diversità di opinioni. Gli individui devono essere incoraggiati a esprimere la propria opinione, anche se in disaccordo con la maggioranza. I media devono fornire informazioni obiettive ed equilibrate per fornire alle persone gli strumenti per formare la propria opinione.

Tuttavia, è importante notare che la teoria della spirale del silenzio non è una legge universale, ma piuttosto una tendenza. Gli individui non sono tutti ugualmente inclini a conformarsi alle norme sociali del loro ambiente, e i contesti sociali variano in base a molti fattori, come la cultura, l'età e il sesso.

Infine, la teoria della spirale del silenzio può essere utile per comprendere come le opinioni pubbliche evolvono. Infatti, se un'opinione minoritaria diventa abbastanza popolare, può alla fine diventare la nuova norma sociale e quindi cambiare comportamenti e politiche pubbliche. Ciò può avvenire grazie all'emergere di opinion leaders, eventi significativi o una presa di coscienza collettiva.

In sintesi, la teoria della spirale del silenzio mostra come gli individui possano essere influenzati dall'ambiente sociale in cui si trovano. Gli attori chiave possono utilizzare questa teoria per rafforzare il loro potere e il loro controllo sulle opinioni pubbliche. È importante promuovere un ambiente sociale che favorisca la libertà di espressione e la diversità di opinioni per contrastare la manipolazione di massa derivante da questa teoria.

Teoria delle due fasi (Two-step flow)

La teoria delle due fasi, nota anche come Two-step flow, è una teoria della comunicazione che evidenzia l'importanza della comunicazione interpersonale e dell'influenza sociale nella formazione di opinioni e atteggiamenti. Secondo questa teoria, i media hanno un'influenza indiretta sul pubblico attraverso opinion leaders o leader d'opinione.

Nella prima fase di questa teoria, gli individui vengono esposti ai media. Tuttavia, la seconda fase è cruciale e implica che gli individui siano maggiormente influenzati dalle interazioni sociali e dalle conversazioni con persone del loro ambiente che esercitano una grande influenza su di loro.

I leader d'opinione possono essere persone che hanno un potere, un'autorità o una competenza in un determinato campo, o persone che hanno una grande influenza sociale, come celebrità, influencer o amici stretti e membri della famiglia. Questi leader d'opinione possono interpretare, valutare e commentare le informazioni presentate dai media, influenzando il modo in cui gli altri percepiscono tali informazioni.

Ad esempio, la teoria delle due fasi può spiegare perché una pubblicità televisiva per un nuovo prodotto potrebbe non essere altrettanto efficace come una raccomandazione personale da parte di un amico stretto. La pubblicità può informare il pubblico su un prodotto, ma è l'opinione e la raccomandazione di un amico che può influenzare una persona ad acquistarlo.

Inoltre, la teoria delle due fasi sottolinea l'importanza di comprendere le motivazioni e le caratteristiche dei leader d'opinione per capire meglio l'influenza che esercitano sul pubblico. Ad esempio, un leader d'opinione può essere influenzato dai propri interessi e motivazioni, e può anche avere pregiudizi che influenzano il modo in cui interpreta le informazioni presentate dai media.

Inoltre, la teoria delle due fasi è importante per comprendere l'influenza dei media nelle campagne elettorali. I leader d'opinione possono svolgere un ruolo cruciale nel modo in cui gli elettori percepiscono i candidati e le loro piattaforme politiche. I politici possono cercare di mirare a questi leader d'opinione al fine di influenzare gli elettori.

In sintesi, la teoria delle due fasi sottolinea l'importanza della comunicazione interpersonale e dell'influenza sociale nella formazione di opinioni e atteggiamenti. Comprendere questa teoria può aiutare a capire meglio l'influenza dei media e la formazione di opinioni e atteggiamenti, nonché il modo in cui i leader d'opinione possono essere utilizzati per influenzare il pubblico. Questa teoria mette anche in evidenza l'importanza di comprendere le motivazioni e le caratteristiche dei leader d'opinione per capire meglio l'influenza che esercitano sul pubblico.

Teoria della risonanza cognitiva

La teoria della risonanza cognitiva è un concetto importante da comprendere per decodificare le tecniche di manipolazione di massa utilizzate nelle campagne di marketing, nei media e nella comunicazione politica. La teoria suggerisce che le persone sono più inclini ad accettare i messaggi che risuonano con le loro credenze e opinioni preesistenti piuttosto che mettere in discussione il loro punto di vista.

La risonanza cognitiva si verifica quando un individuo ascolta o legge un messaggio e lo confronta con le proprie credenze e opinioni. Se il messaggio è in sintonia con le sue convinzioni, è più incline ad accettarlo senza domande o riflessioni critiche. Ciò può spiegare perché alcune persone tendono ad ascoltare e credere solo alle fonti di informazione che corrispondono alle loro opinioni e respingere le informazioni che le contraddicono.

Questa teoria è particolarmente importante nel contesto dei media e delle campagne politiche. I giornalisti e i comunicatori spesso utilizzano tecniche di framing per presentare le informazioni da un punto di vista che corrisponde alle opinioni e alle credenze del loro pubblico. Il framing può influenzare la percezione delle persone su un determinato argomento, indirizzando la loro attenzione su determinati aspetti e minimizzandone altri. Le campagne politiche utilizzano anche questa tecnica per presentare il loro candidato da un punto di vista che corrisponde alle opinioni dei potenziali elettori.

Un esempio concreto della teoria della risonanza cognitiva è rappresentato dalle campagne politiche che utilizzano slogan come «Make America Great Again» o «Yes We Can». Questi slogan sono spesso molto semplici e diretti e sono progettati per risuonare con le convinzioni e le opinioni degli elettori prescelti. Le campagne politiche che utilizzano questa tecnica cercano di rafforzare le credenze e le opinioni preesistenti degli elettori anziché cercare di convincerli a cambiare idea.

La risonanza cognitiva può anche spiegare l'effetto di polarizzazione sui social media. Le persone tendono ad essere attratte da persone e gruppi che condividono le loro opinioni e convinzioni. Questa tendenza può portare alla creazione di camere d'eco, in cui le persone sentono solo opinioni che risuonano con le loro. Questa polarizzazione può anche rafforzare le opinioni e le convinzioni preesistenti delle persone, rendendole meno propense a mettere in discussione le proprie convinzioni.

Tuttavia, è importante notare che la risonanza cognitiva non è sempre una cosa negativa. Le persone hanno opinioni e convinzioni che sono il risultato delle loro esperienze di vita e della loro cultura, e queste opinioni devono essere rispettate. La risonanza cognitiva può essere utilizzata in modo positivo per rafforzare le convinzioni e i valori positivi di una persona o per fornire loro informazioni che corrispondono ai loro interessi.

In conclusione, la teoria della risonanza cognitiva è una teoria importante per comprendere come le persone reagiscano ai messaggi che ricevono. Spiega come le convinzioni e le opinioni preesistenti possano influire sul modo in cui le persone percepiscono le informazioni che ricevono. Le tecniche di comunicazione, come il framing, vengono spesso utilizzate per creare un messaggio che risuoni con il pubblico prescelto. È importante comprendere che la risonanza cognitiva può essere utilizzata in modo positivo o negativo e che le persone hanno il diritto di mantenere le proprie opinioni e convinzioni.

Le tecniche di persuasione e di influenza

Principi di persuasione di Cialdini

I principi di persuasione di Cialdini sono tecniche di manipolazione che mirano a influenzare il comportamento delle persone. Questi principi possono essere utilizzati in modo conscio o inconscio e la loro efficacia è ampiamente riconosciuta nel campo del marketing e della pubblicità.

Il principio della reciprocità

Il primo principio è il principio della reciprocità. Secondo questo principio, le persone tendono a restituire un favore quando ricevono qualcosa. Ad esempio, un'azienda potrebbe offrire un campione gratuito del suo prodotto per incoraggiare i consumatori ad acquistare il prodotto completo. Questo principio viene anche utilizzato nelle campagne di raccolta fondi, in cui le organizzazioni offrono piccoli regali ai potenziali donatori.

Il principio dell'impegno e della coerenza

Il secondo principio è il principio dell'impegno e della coerenza. Questo principio afferma che le persone tendono a conformarsi a ciò che hanno detto o fatto in precedenza. Una volta che si sono impegnate, cercheranno di mantenere la coerenza con tale impegno. Le campagne porta a porta spesso utilizzano questo principio chiedendo alle persone di impegnarsi a votare per un candidato o a fare una donazione.

Il principio della prova sociale

Il terzo principio è il principio della prova sociale. Le persone tendono a conformarsi ai comportamenti degli altri. Per questo motivo, le aziende utilizzano testimonianze di clienti soddisfatti per incoraggiare i consumatori ad acquistare i loro prodotti. Gli influencer sui social media utilizzano anche questo principio mostrando la loro popolarità e il numero di follower.

Il principio dell'autorità

Il quarto principio è il principio dell'autorità. Le persone tendono a conformarsi a coloro che considerano come autorità o esperti in un determinato settore. Le pubblicità spesso utilizzano celebrità o esperti per promuovere prodotti o servizi.

Il principio della scarsità

Il quinto principio è il principio della scarsità. Le persone tendono a valorizzare ciò che è raro o difficile da ottenere. Per questo motivo, le aziende utilizzano promozioni a tempo limitato o edizioni limitate dei loro prodotti per incentivare i consumatori ad acquistarli.

Il principio della simpatia

Infine, il sesto principio è il principio della simpatia. Le persone tendono ad essere più inclini ad essere influenzati dalle persone che amano o ammirano. Le pubblicità spesso utilizzano personaggi simpatici o animali carini per promuovere prodotti o servizi.

Questi sei principi vengono utilizzati in molte situazioni della vita quotidiana, in particolare nel campo del marketing e della pubblicità. Ad esempio, un'azienda potrebbe offrire un piccolo regalo ai propri clienti per attivare il principio della reciprocità o utilizzare testimonianze per attivare il principio della prova sociale.

È importante notare che questi principi di persuasione non sono di per sé «cattivi». In effetti, possono essere utilizzati in modo etico e onesto per convincere le persone ad adottare azioni positive. Ad esempio, una campagna di raccolta fondi per un'organizzazione benefica può utilizzare il principio della reciprocità per incoraggiare i donatori a fare donazioni e sostenere una causa nobile.

Tuttavia, è importante anche capire che questi principi possono essere utilizzati in modo manipolativo. Le persone possono essere influenzate inconsapevolmente utilizzando queste tecniche di persuasione. È per questo che è importante sviluppare il pensiero critico e diffidare delle persone che cercano di influenzarci ad ogni costo.

In definitiva, la chiave per resistere alla manipolazione è rimanere vigili e sviluppare il pensiero critico. Comprendendo le tecniche di persuasione di Cialdini e conoscendo il loro utilizzo nella vita di tutti i giorni, possiamo proteggere meglio i nostri interessi e prendere decisioni più informate. Sfidando i messaggi che cercano di manipolare le nostre emozioni, possiamo diventare consumatori più consapevoli e cittadini più impegnati.

Propaganda e tecniche di manipolazione (come la ripetizione, la disinformazione, l'appello all'autorità)

La propaganda è una delle tecniche di manipolazione più antiche e diffuse utilizzate nelle società moderne per plasmare l'opinione pubblica. Si basa sulla diffusione di un messaggio distorto, spesso falso, con l'obiettivo di influenzare la percezione e i comportamenti delle persone. La ripetizione, la disinformazione e l'appello all'autorità sono alcune delle tecniche di propaganda più usate.

La ripetizione è una tecnica di persuasione che consiste nel ripetere un messaggio in modo costante e regolare affinché si radichi nella mente delle persone. Viene spesso utilizzata nelle campagne pubblicitarie e politiche per rafforzare le convinzioni delle persone e far loro credere che le idee veicolate siano vere. Tuttavia, questa tecnica può essere utilizzata anche in modo abusivo per far passare bugie come verità.

La disinformazione è un'altra tecnica di manipolazione che consiste nella diffusione di informazioni false o incomplete allo scopo di ingannare le persone. Viene spesso utilizzata per screditare una persona o un'idea, o per seminare confusione e dubbio nella mente delle persone. La disinformazione è spesso utilizzata in campagne di propaganda, ma anche nel campo delle informazioni online, dove è spesso difficile distinguere le informazioni affidabili dalle false informazioni.

L'appello all'autorità è una tecnica di persuasione che consiste nel fare riferimento a una persona o a un'istituzione di autorità per rafforzare un argomento. Viene spesso utilizzata nelle campagne pubblicitarie per conferire credibilità ai prodotti e ai servizi proposti. Tuttavia, questa tecnica può essere utilizzata anche in modo abusivo per far passare idee parziali o false facendo riferimento a personalità influenti.

Tra le altre tecniche di manipolazione, possiamo citare la paura, l'emozione, la bugia, la lusinga, la promessa e l'uso degli stereotipi. La paura è una tecnica comunemente utilizzata per influenzare le decisioni delle persone. I governi e i media possono utilizzarla per promuovere azioni o reazioni specifiche sfruttando le paure collettive. L'emozione è un'altra tecnica spesso utilizzata per suscitare una risposta emotiva nelle persone e spingerle a agire in un certo modo. La lusinga può essere utilizzata per incoraggiare le persone a conformarsi a determinate norme o ad adottare determinate attitudini, mentre la promessa può essere utilizzata per suscitare speranza e ottimismo.

Per resistere a queste tecniche di manipolazione, è essenziale verificare l'affidabilità e la fonte delle informazioni, esaminare gli argomenti presentati con un'attitudine critica e fare domande sulle intenzioni di coloro che presentano questi argomenti. È anche importante cercare fonti d'informazione diverse e confrontare le diverse prospettive per arrivare a una visione equilibrata e giusta.

Effetto di mera esposizione

L'effetto di mera esposizione è una tecnica di persuasione che si basa sul principio secondo cui la semplice esposizione ripetuta di uno stimolo, come una parola, un'immagine o una musica, può influenzare positivamente l'atteggiamento delle persone nei confronti di tale stimolo. Questa tecnica è spesso utilizzata nelle campagne pubblicitarie e politiche per aumentare la familiarità con un prodotto, un servizio o una persona.

Il meccanismo dell'effetto di mera esposizione si basa sulla teoria della fluency, che sostiene che la facilità di elaborazione cognitiva di uno stimolo influenza il nostro atteggiamento nei confronti di esso. Più uno stimolo è facilmente elaborato dal nostro cervello, più viene considerato piacevole e positivo. Pertanto, se una persona viene esposta più volte a uno stimolo, diventa più familiare e più facile da elaborare, il che può portare a un atteggiamento più positivo nei confronti di quel stimolo.

Pertanto, le persone sviluppano una preferenza per qualcosa semplicemente perché ne sono state esposte più volte. In altre parole, più siamo esposti a qualcosa, maggiore è la probabilità che ci piaccia. Questo effetto è stato dimostrato in molti studi, inclusi quelli che hanno studiato la pubblicità, la musica e le opere d'arte.

Ad esempio, uno studio condotto da Zajonc (1968) ha chiesto ai partecipanti di valutare una serie di forme geometriche. Alcune delle forme sono state presentate più volte, mentre altre sono state presentate solo una volta. I risultati hanno mostrato che i partecipanti hanno preferito le forme che hanno visto più volte, anche se non avevano un significato reale.

Tuttavia, l'effetto di mera esposizione non è infallibile. Se lo stimolo è associato a esperienze o emozioni negative, l'effetto può essere invertito, ovvero la ripetizione dello stimolo può portare a un atteggiamento più negativo verso di esso. Inoltre, l'effetto di mera esposizione può essere attenuato se la persona è consapevole del tentativo di persuasione o se si oppone fortemente all'oggetto della persuasione.

L'effetto di mera esposizione è uno strumento potente di persuasione, ma deve essere utilizzato correttamente.

Per illustrare l'effetto di mera esposizione, prendiamo ad esempio una campagna pubblicitaria per un nuovo prodotto. Se la pubblicità viene trasmessa regolarmente in televisione, alla radio e sui social media, i consumatori sono esposti più volte al prodotto. Questa ripetizione dell'esposizione può aumentare la familiarità e il riconoscimento del prodotto, il che può portare a un atteggiamento più positivo verso di esso. Se il prodotto è associato a un'esperienza positiva, come una degustazione gratuita o una promozione, l'effetto di mera esposizione può essere rafforzato.

In conclusione, per ripetere una volta di più, l'effetto di mera esposizione è una tecnica di persuasione efficace che si basa sulla ripetizione dell'esposizione di uno stimolo per influenzare positivamente l'atteggiamento delle persone verso di esso.

Influenza normativa e informativa

Nella manipolazione di massa, l'influenza normativa e informativa sono tecniche comuni per indurre le persone ad adottare un comportamento specifico o ad accettare un'idea. L'influenza normativa implica che le persone siano influenzate dalle norme sociali e cerchino di conformarsi ad esse. D'altra parte, l'influenza informativa si riferisce a come le persone si basano sulle opinioni e le informazioni degli altri per valutare la rilevanza di un'idea o di un comportamento.

L'influenza normativa viene comunemente utilizzata per influenzare i comportamenti. Ad esempio, quando un'azienda o un gruppo di persone cerca di incoraggiare la partecipazione a una campagna di sensibilizzazione, può mettere in evidenza il numero di persone che hanno già partecipato a quella campagna, nella speranza che le altre seguano l'esempio. Nello stesso ordine di idee, i marchi utilizzano anche questa tecnica promuovendo prodotti popolari o presentandoli come scelte approvate dalla società.

L'influenza informativa viene utilizzata per influenzare le opinioni e le attitudini delle persone fornendo loro informazioni che supportano una specifica idea. Ad esempio, quando un'azienda cerca di promuovere l'uso dei suoi prodotti, può fornire testimonianze positive da parte degli utenti o studi che mostrano i benefici dell'uso dei loro prodotti. Anche i media utilizzano questa tecnica per influenzare l'opinione pubblica presentando informazioni distorte che supportano il loro punto di vista.

È importante notare che entrambi i tipi di influenza possono essere utilizzati in modo positivo o negativo. Ad esempio, l'influenza normativa può essere utilizzata per promuovere la partecipazione a attività benefiche per la società, ma può anche essere utilizzata per promuovere comportamenti negativi, come l'uso di droghe o l'attivismo estremista. Allo stesso modo, l'influenza informativa può essere utilizzata per fornire informazioni preziose e imparziali, ma può anche essere utilizzata per ingannare e manipolare le persone.

La resistenza all'influenza normativa e informativa richiede pensiero critico e analisi approfondita. Le persone devono imparare a valutare le informazioni che ricevono e determinare se sono affidabili e imparziali. Devono anche essere consapevoli delle proprie norme e opinioni e essere in grado di metterle in discussione per evitare di essere influenzati in modo inappropriato.

In definitiva, l'influenza normativa e informativa sono tecniche comuni di manipolazione di massa utilizzate per influenzare comportamenti e opinioni. Le persone devono essere consapevoli di queste tecniche e imparare a valutare le informazioni che ricevono per evitare di essere influenzati in modo inappropriato.

Tecniche di storytelling e di framing

Nella manipolazione di massa, il storytelling e il framing sono tecniche di persuasione comuni utilizzate per influenzare le attitudini e i comportamenti delle persone.

La tecnica del storytelling (o narrazione) è una strategia

di comunicazione ampiamente utilizzata nei media, nella pubblicità, nel marketing, nella politica e persino nelle relazioni personali. Consiste nel raccontare una storia coinvolgente che viene utilizzata per trasmettere un messaggio specifico. Le storie hanno un potere emotivo e spesso sono più memorabili dei fatti grezzi o delle statistiche. Pertanto, il storytelling può essere utilizzato per influenzare le attitudini e i comportamenti delle persone, nonché per plasmare la loro percezione della realtà.

Il framing è un'altra tecnica di comunicazione che consiste nel presentare un'informazione in modo particolare, utilizzando una struttura o una prospettiva specifica. La scelta del frame può influenzare il modo in cui le persone percepiscono un evento o una questione, portandoli a privilegiare alcuni aspetti e a ignorarne altri. I frame possono essere impliciti (non espressi) o espliciti (chiaramente espressi). Sono spesso utilizzati per dare una direzione o un orientamento al pensiero e per guidare le persone nelle loro decisioni.

Le tecniche di storytelling e di framing sono spesso utilizzate insieme per creare un'immagine o una visione particolare della realtà. Le storie vengono utilizzate per creare un legame emotivo con il pubblico e per trasmettere messaggi complessi in modo semplice ed efficace. I frame vengono utilizzati per dare una direzione al pensiero e per influenzare le percezioni e i giudizi delle persone.

Quando vengono utilizzate in modo malintenzionato, il storytelling e il framing possono essere utilizzati per manipolare le opinioni e i comportamenti delle persone.

Le storie possono essere utilizzate per creare un'immagine emotiva che non ha alcun legame con la realtà. I frame possono essere utilizzati per nascondere determinati aspetti di una questione o per dare una falsa impressione della realtà. Le tecniche di storytelling e di framing possono quindi essere utilizzate per manipolare le attitudini e i comportamenti delle persone e per plasmare la loro percezione della realtà.

I bias cognitivi e il loro ruolo nella manipolazione di massa

Biais di conferma

Il biais di conferma è una tecnica che consiste nel rafforzare le convinzioni e le opinioni di un individuo presentandogli informazioni che confermano la sua posizione preesistente, ignorando o minimizzando le informazioni che la contraddicono. Questo biais è molto potente perché sfrutta la tendenza naturale della mente umana a cercare e accettare informazioni che confermano le proprie credenze.

Il biais di conferma può essere utilizzato in varie situazioni, come le campagne politiche, i media di massa, la pubblicità e persino le conversazioni quotidiane. I media possono diffondere informazioni che sostengono una particolare posizione politica o ideologica, ignorando le informazioni che la contraddicono. Gli inserzionisti possono utilizzare testimonianze di clienti soddisfatti per convincere i consumatori dell'efficacia del loro prodotto, ignorando le testimonianze negative.

Un esempio comune di biais di conferma è il modo in cui le persone possono chiudersi alle informazioni che contraddicono il loro punto di vista politico. Ad esempio, se una persona ha una visione molto favorevole di un determinato partito politico, sarà più incline a cercare informazioni che supportano quella visione e a respingere o ignorare le informazioni che la contraddicono.

Questo può portare a un pensiero stretto e dogmatico, in cui la persona tiene conto solo delle prospettive che rafforzano le sue credenze, il che può portare a una polarizzazione politica e a una divisione sociale. I media possono anche utilizzare il biais di conferma diffondendo informazioni che sostengono una particolare posizione politica o ideologica, ignorando o minimizzando le informazioni che la contraddicono.

Il biais di conferma può manifestarsi anche attraverso i social media, dove gli algoritmi di raccomandazione possono presentare contenuti che rafforzano le opinioni dell'utente, ignorando le opinioni opposte. Inoltre, le persone tendono ad associarsi con individui che condividono le stesse opinioni, creando così delle «camere di risonanza» in cui le idee vengono rafforzate senza opposizione.

Per resistere al biais di conferma, è importante esporsi a una varietà di prospettive e opinioni diverse. È fondamentale cercare attivamente informazioni che mettano in discussione le nostre credenze e opinioni e mettere regolarmente in discussione i nostri stessi punti di vista. Ciò può contribuire ad evitare la polarizzazione politica e promuovere una comprensione reciproca tra diverse prospettive e opinioni.

Biais di gruppo

I biais di gruppo svolgono un ruolo essenziale nel influenzare gli individui ad adottare determinate credenze o comportamenti. I gruppi sociali come famiglie, amici, colleghi e comunità hanno norme, valori e atteggiamenti che vengono comunicati ai loro membri. Quando un individuo si unisce a un gruppo, subisce una pressione sociale per conformarsi alle norme del gruppo, anche se queste vanno contro le sue convinzioni personali. Questa pressione può assumere forme diverse, come persuasione, ridicolo o addirittura minaccia di esclusione.

I biais di gruppo influenzano il modo in cui gli individui percepiscono le informazioni e prendono decisioni. Il biais di conformità è uno dei biais più comuni, in cui gli individui adeguano le loro opinioni e comportamenti per adattarsi a quelli del loro gruppo. Ciò può portare a un pensiero di gruppo, in cui gli individui non mettono in discussione le idee preconcette del gruppo e accettano acriticamente le decisioni collettive.

L'effetto di illusione di gruppo è un altro effetto comune in cui i membri del gruppo sopravvalutano la validità e la correttezza delle loro decisioni collettive, anche se sono errate o ingiuste. Ciò può portare a una compiacenza o arroganza, in cui il gruppo non tiene conto delle opinioni o informazioni esterne.

Anche il biais di polarizzazione di gruppo è comune, in cui il gruppo diventa più estremo nelle sue opinioni o comportamenti dopo aver discusso questi argomenti con altri membri del gruppo. Ciò può portare a una radicalizzazione delle opinioni e a una polarizzazione sociale più ampia.

È importante riconoscere questi biais di gruppo per evitare di essere manipolati da influenze di massa. Gli individui devono riflettere autonomamente e essere in grado di mettere in discussione le norme e gli atteggiamenti del loro gruppo sociale. Gli educatori e i leader non devono dettare e modellare il nostro modo di pensare.

Per illustrare questo punto, prendiamo ad esempio i movimenti politici o sociali che utilizzano i social media per mobilitare masse di persone. I biais di gruppo possono essere sfruttati utilizzando tecniche di polarizzazione per esacerbare le divisioni e le differenze tra gruppi. Gli individui possono essere incoraggiati ad adottare opinioni estreme o a respingere punti di vista alternativi. Comprendendo questi biais, le persone che spesso ignorano potrebbero essere meglio attrezzate per riconoscere queste tecniche e prendere decisioni informate.

In conclusione, i biais di gruppo sono anche un elemento chiave nella manipolazione di massa e nelle decisioni collettive.

Effetto di alone

L'effetto di alone è un biais cognitivo che si verifica quando la nostra impressione generale di una persona, un'azienda o un prodotto influisce sulla nostra valutazione delle sue caratteristiche specifiche. In altre parole, se abbiamo un'opinione positiva di una persona, siamo più inclini ad attribuire a quella persona qualità positive, anche se ciò non è giustificato dai fatti.

Questo effetto può essere utilizzato nelle tecniche di manipolazione di massa per influenzare le opinioni delle persone su una persona o un'organizzazione. Ad esempio, se un'azienda ha un'immagine positiva tra il pubblico, può utilizzare questa immagine per influenzare le opinioni delle persone sui suoi prodotti, anche se quei prodotti non sono di buona qualità.

L'effetto di alone può essere utilizzato anche in politica per influenzare le opinioni degli elettori. Se un candidato ha un'immagine positiva tra il pubblico, può utilizzare questa immagine per influenzare le opinioni degli elettori sulle sue politiche, anche se quelle politiche non sono a loro favore.

Per evitare l'effetto di alone, è importante valutare le persone, le organizzazioni e i prodotti in base alle loro caratteristiche specifiche anziché fare affidamento sulla nostra impressione generale. È inoltre importante cercare informazioni da diverse fonti affidabili per avere una valutazione più precisa.

Prendiamo ad esempio la pubblicità di un prodotto per la bellezza. Se l'annuncio mostra una celebrità conosciuta per il suo carisma e la sua bellezza, l'effetto di alone può farci credere che il prodotto sia efficace senza nemmeno considerare gli ingredienti e le caratteristiche specifiche del prodotto. Tuttavia, studiando gli ingredienti e le recensioni degli utenti indipendenti, possiamo avere una valutazione più precisa del prodotto.

In sintesi, l'effetto di alone può essere utilizzato per influenzare sottilmente le opinioni delle persone, ma può essere evitato valutando le caratteristiche specifiche delle persone, delle organizzazioni e dei prodotti e cercando informazioni da diverse fonti affidabili.

Biais di ancoraggio

I biais di ancoraggio sono dei biais cognitivi che vengono spesso utilizzati nella manipolazione di massa perché possono avere un impatto significativo sulla nostra percezione ed valutazione delle informazioni. Questo biais si basa sul fatto che il nostro cervello tende ad aggrapparsi alla prima informazione che ci viene presentata, anche se non è pertinente o affidabile, e ad utilizzarla come riferimento per prendere decisioni successive.

Un esempio comune di biais di ancoraggio è l'uso dei prezzi scontati nelle pubblicità, che danno ai consumatori l'impressione di fare un buon affare acquistando un prodotto in saldo. Allo stesso modo, le pubblicità politiche possono utilizzare immagini e slogan coinvolgenti all'inizio del video per ancorare un'idea o una percezione nella mente degli spettatori, che successivamente avranno la tendenza a interpretare le informazioni successive in base a quella percezione.

I biais di ancoraggio sono particolarmente efficaci quando sono associati ad altri biais cognitivi come il biais di conferma o il biais di gruppo. Ad esempio, se una persona è ancorata a una falsa idea, sarà più incline a cercare informazioni che la confermano, ignorando le informazioni che la contraddicono.

Per resistere all'influenza dei biais di ancoraggio, può essere utile chiedersi se la prima informazione presentata è pertinente, affidabile e imparziale prima di farne affidamento per prendere una decisione.

In sintesi, i biais di ancoraggio possono essere uno strumento potente nella manipolazione di massa. Essendo consapevoli dell'effetto potenziale della prima informazione presentata, possiamo valutare meglio le informazioni successive e prendere decisioni più informate.

Biais di credenza cieca

Il biais di credenza cieca è un concetto importante in psicologia e sociologia perché può spiegare come gli individui possono essere facilmente manipolati da informazioni false o fuorvianti.

Questo biais si verifica quando gli individui accettano un'informazione come vera senza cercare di verificarla o valutarla criticamente. In altre parole, gli individui credono in qualcosa senza avere prove o ragioni logiche sufficienti.

Questo biais di credenza cieca può essere amplificato da diversi fattori, come la ripetizione dell'informazione, la credibilità percepita della fonte di informazione e l'impatto emotivo dell'informazione.

Ad esempio, se una persona sente una determinata affermazione più volte, potrebbe finire per crederci senza mettere in discussione la sua veridicità. Allo stesso modo, se una persona considera una fonte di informazione come affidabile, potrebbe essere più incline ad accettare le informazioni che fornisce senza prestarvi sufficiente attenzione.

Infine, le informazioni che hanno un impatto emotivo significativo possono anche portare a un biais di credenza cieca. Le persone potrebbero essere più inclini a credere alle informazioni che corrispondono alle loro credenze preesistenti o che rafforzano il loro punto di vista, anche se queste informazioni non sono accurate.

È importante riconoscere il biais di credenza cieca per evitare di essere manipolati da informazioni false o fuorvianti.

In sintesi, il biais di credenza cieca può essere paragonato a un miraggio nel deserto. Proprio come un miraggio può sembrare reale, ma in realtà è solo un'illusione, le informazioni che vengono accettate senza prove o ragioni logiche sufficienti possono sembrare vere, ma non lo sono necessariamente. Tenendo presente ciò, gli individui possono essere più consapevoli della propria tendenza a cadere in questo biais e adottare misure per evitarlo.

La psicologia delle folle e il comportamento collettivo

La psicologia delle folle si interessa ai processi mentali e comportamentali che si manifestano quando un gruppo di persone si riunisce. Questi processi sono diversi da quelli osservati negli individui che agiscono da soli, poiché i membri della folla interagiscono e si influenzano reciprocamente, creando così un comportamento collettivo.

Gustave Le Bon è stato uno dei primi a studiare la psicologia delle folle e ha identificato diverse caratteristiche comuni, tra cui la perdita dell'individualità e l'intensa emotività. Ha anche suggerito che le folle sono facilmente influenzate dai leader carismatici e che i comportamenti collettivi sono spesso irrazionali.

Anche Sigmund Freud ha studiato le folle e ha proposto che i membri della folla subiscano un processo di «dissocializzazione», ossia perdono la propria identità e si fondono nel gruppo. Questa dissocializzazione può portarli ad adottare comportamenti che non avrebbero adottato individualmente.

Anche gli psicologi sociali moderni hanno studiato la psicologia delle folle e hanno identificato diversi fattori che influenzano il comportamento collettivo. Ad esempio, la norma sociale è un fattore importante che può influenzare i membri della folla a adottare comportamenti conformi alle norme sociali del gruppo. La teoria dell'identificazione sociale suggerisce che i membri della folla possono anche adottare comportamenti che rafforzano la propria identità di gruppo.

Il conformismo è un altro fattore che può influenzare il comportamento collettivo. I membri della folla possono adottare comportamenti conformi alla norma sociale, anche se individualmente non sono d'accordo con essi. L'obbedienza all'autorità è anche un fattore importante che può spingere i membri della folla ad adottare comportamenti dettati dai leader carismatici o dalle autorità.

I comportamenti collettivi possono anche essere influenzati da fattori esterni come la dimensione della folla, la durata dell'interazione e il grado di anonimato. Le folle più numerose possono essere più inclini ad adottare comportamenti estremi o a diventare violente. I membri della folla che interagiscono per un lungo periodo possono diventare più solidali e inclini ad adottare comportamenti conformi al gruppo.

Infine, le nuove tecnologie hanno anche un impatto sulla psicologia delle folle. I social media e i media online hanno creato nuove forme di comportamento collettivo, como i movimenti sociali online. Questi movimenti possono essere molto influenti e hanno il potenziale di portare a cambiamenti significativi nella società.

In conclusione, la psicologia delle folle e il comportamento collettivo sono importanti aree di studio per capire come i gruppi di persone interagiscono e come si sviluppano i comportamenti collettivi. I fattori psicologici e sociali che influenzano il comportamento collettivo sono numerosi e complessi. Una comprensione approfondita di questi fattori può aiutare a prevenire comportamenti collettivi negativi e promuovere comportamenti più positivi e costruttivi.

Teorie di Gustave Le Bon e Sigmund Freud

Gustave Le Bon, uno psicologo sociale francese, sviluppò una teoria della psicologia delle folle nel suo libro «Psicologia delle folle» nel 1895. Secondo Le Bon, gli individui perdono la propria individualità quando fanno parte di una folla e diventano così più facilmente influenzabili. Le folle sono caratterizzate da un'emozione collettiva e una coscienza comune che le porta ad adottare comportamenti irrazionali ed impulsivi. Le folle sono anche caratterizzate da un leader carismatico capace di guidarle in una direzione particolare.

Sigmund Freud, il famoso fondatore della psicoanalisi, ha anche studiato i fenomeni di massa. Nel suo libro «Psicologia di massa e analisi dell'Io» del 1921, Freud propose che gli individui che fanno parte di una folla tendano ad abbandonare il loro Io individuale per unirsi a un Io collettivo. Questa perdita dell'individualità permette agli individui di liberarsi delle proprie inibizioni e comportarsi in modo irrazionale e violento. Freud ha inoltre sottolineato l'importanza dei leader carismatici nella formazione delle folle e nella loro capacità di manipolare le emozioni e i desideri degli individui.

Le teorie di Gustave Le Bon e di Sigmund Freud sulla psicologia delle folle sono state molto influenti nella nostra comprensione della manipolazione di massa e del comportamento collettivo. Tuttavia, le loro teorie sono state anche criticate per la loro eccessiva semplificazione dei comportamenti umani e per la mancanza di considerazione dei più ampi fattori sociali ed economici che influenzano il comportamento degli individui.

È importante ricordare che gli individui non sono semplicemente esseri irrazionali facilmente manipolabili dai leader carismatici e dalle emozioni collettive. I comportamenti di folla possono essere influenzati da fattori come la povertà, l'ingiustizia sociale e l'oppressione politica, così come da attori come governi, aziende e media che cercano di servire i propri interessi.

Inoltre, le teorie di Le Bon e di Freud sono state sviluppate all'inizio del XX secolo e sono state influenzate dal contesto socio-politico del loro tempo. Eventi storici come le due guerre mondiali, l'ascesa del fascismo e del comunismo, così come i movimenti sociali e i cambiamenti tecnologici non sono stati presi in considerazione nelle loro analisi. Pertanto, è importante tener conto degli sviluppi storici e dei contesti socio-politici più ampi nell'analisi della manipolazione di massa e del comportamento collettivo.

Tuttavia, le teorie di Le Bon e di Freud possono essere utili per comprendere alcuni comportamenti di folla e di gruppo, come la polarizzazione di gruppo e la dissocializzazione. Ad esempio, i social media possono permettere la formazione di gruppi online in cui gli individui condividono credenze e opinioni comuni, rafforzando così la loro polarizzazione. Allo stesso modo, l'anonimato online può portare a una dissocializzazione e a un comportamento impulsivo e irrazionale.

In conclusione, le teorie di Gustave Le Bon e Sigmund Freud hanno dato un contributo importante alla nostra comprensione della psicologia delle folle e del comportamento collettivo. Tuttavia, è importante considerarle nel loro contesto storico e sociale e tenere conto dei più ampi fattori economici e sociali che influenzano il comportamento degli individui. Queste teorie possono essere utili per comprendere alcuni comportamenti di folla, ma devono essere utilizzate con cautela e in combinazione con altre teorie e analisi per una comprensione più completa della manipolazione di massa.

Conformismo, obbedienza e dissocializzazione

Il conformismo, l'obbedienza e la dissocializzazione sono concetti chiave nella manipolazione di massa. Questi concetti sono importanti per comprendere meglio la formazione dei comportamenti collettivi.

Il conformismo può essere visto come un meccanismo di difesa naturale per gli individui che cercano di evitare conflitti e conformarsi alla maggioranza per essere accettati socialmente. Questa tendenza può essere amplificata dall'effetto di gruppo, che può rafforzare le norme e i valori sociali esistenti. I propagandisti possono utilizzare tecniche di framing per spingere le persone a conformarsi a un determinato punto di vista, presentando le informazioni in modo che diventino più accettabili o desiderabili.

L'obbedienza può essere considerata una conseguenza del conformismo, poiché gli individui tendono ad obbedire alle autorità per evitare sanzioni o per conformarsi alle norme sociali. Tuttavia, l'obbedienza può anche essere rafforzata dall'autorità percepita, che si riferisce alla percezione che l'autorità ha il diritto di impartire ordini. I manipolatori possono utilizzare tecniche persuasive per rafforzare la loro autorità percepita e spingere le persone ad obbedire ai loro ordini.

La dissocializzazione è un'altra conseguenza del conformismo, poiché gli individui possono perdere la propria identità personale facendo parte di un gruppo. Questa perdita di identità può portare a comportamenti impulsivi ed irrazionali, specialmente nelle folle. I propagandisti possono utilizzare tecniche di manipolazione di massa per dissocializzare gli individui e spingerli a comportarsi in un modo che sarebbe contrario ai loro valori e alla loro personalità.

Per illustrare l'impatto del conformismo, dell'obbedienza e della dissocializzazione nella manipolazione di massa, possiamo prendere l'esempio della propaganda nazista durante la Seconda guerra mondiale. I propagandisti nazisti hanno utilizzato tecniche di framing per spingere gli individui in Germania a conformarsi alle ideologie naziste, presentando le informazioni in un modo che le rendeva più accettabili o desiderabili. I nazisti hanno anche rafforzato la loro autorità percepita creando un culto della personalità intorno ad Adolf Hitler, che era percepito come un leader carismatico capace di guidare la Germania verso la grandezza.

Il fenomeno della polarizzazione di gruppo

La polarizzazione di gruppo è un fenomeno che si verifica quando i membri di un gruppo diventano sempre più estremi nelle proprie posizioni ed opinioni mentre discutono con persone che condividono le stesse idee. Questo fenomeno può essere esacerbato dai social media, che permettono agli individui di raggrupparsi facilmente in base alle loro credenze ed opinioni.

La polarizzazione di gruppo può essere pericolosa perché può portare a conflitti e tensioni sociali. Ad esempio, uno studio ha dimostrato che i gruppi di discussione online su argomenti come la politica o la religione tendono a diventare sempre più polarizzati nel tempo, il che può portare ad una disintegrazione del dialogo e ad una diminuzione della comprensione tra i diversi gruppi.

È importante capire i meccanismi alla base della polarizzazione di gruppo al fine di combattere questo fenomeno. Le teorie della comunicazione, come la teoria della spirale del silenzio e la teoria dell'agenda-setting, possono essere utili per capire come i media e i social media possono influenzare le opinioni e le credenze degli individui.

I bias cognitivi, come il bias di conferma, possono anche giocare un ruolo importante nella polarizzazione di gruppo. Gli individui tendono a cercare informazioni che confermano le loro credenze esistenti anziché mettere in discussione queste credenze cercando informazioni contrastanti.

È importante sottolineare che la polarizzazione di gruppo

non deve essere confusa con il fatto di avere opinioni forti o difendere convinzioni. È del tutto possibile avere opinioni ferme senza farsi coinvolgere dalla polarizzazione di gruppo.

Per contrastare la polarizzazione di gruppo, è importante favorire un dialogo costruttivo tra le diverse parti, incoraggiando la discussione e la comprensione reciproca.

Médias e manipolazione dell'informazione

Concentrazione dei media e potere economico

Nella nostra società, i media svolgono un ruolo cruciale nella formazione dell'opinione pubblica. Tuttavia, questa funzione può essere compromessa se la concentrazione dei media nelle mani di un piccolo numero di potenti proprietari consente di esercitare un controllo sul contenuto diffuso. Infatti, quando i media sono detenuti da aziende con specifici interessi economici, politici o ideologici, ciò può portare a una distorsione dell'informazione e alla perdita di diversità di opinioni.

Quando un piccolo gruppo di proprietari dei media controlla una grande parte delle informazioni diffuse dai media, ciò può anche avere un impatto negativo sulla concorrenza e sulla pluralità dei media. Infatti, i proprietari dei media spesso hanno interessi economici e politici convergenti, il che può influenzare il modo in cui coprono gli eventi e le informazioni diffuse. Ciò può anche influire sul trattamento dei media concorrenti, riducendo così la diversità delle fonti di informazione.

La concentrazione dei media può anche influire sulla qualità delle informazioni diffuse. I proprietari dei media possono essere tentati di privilegiare gli argomenti che attirano il maggior numero di ascoltatori o di pubblicità, piuttosto che quelli più rilevanti o importanti per la società. Inoltre, la riduzione dei costi può portare a una diminuzione della

qualità delle informazioni, della ricerca e della verifica dei
fatti.

Infine, la concentrazione dei media può avere anche
conseguenze sulla libertà di stampa e sull'indipendenza
dei giornalisti. I proprietari dei media possono esercitare
pressioni sui giornalisti affinché modifichino o eliminino
articoli che potrebbero essere dannosi per i loro interessi
economici o politici. Ciò può avere un effetto dissuasivo sulla
capacità dei giornalisti di indagare su argomenti delicati o
criticare il potere costituito.

Per contrastare la concentrazione dei media e il potere
economico che ne deriva, è essenziale sostenere i giornalisti
indipendenti e i media alternativi che tendono ad essere più
liberi e a offrire una copertura più diversa ed equilibrata degli
eventi.

Fake news e post-verità

La disinformazione, le «fake news» e la «post-verità» sono
diventate fenomeni comuni nella nostra società. Le persone
sono bombardate di informazioni false e teorie del complotto
che hanno serie conseguenze sul loro comportamento e
sulle loro decisioni. In questa sezione, esamineremo cosa
sia la disinformazione e come si diffonda, così come le
conseguenze della «post-verità» sulla società.

La disinformazione è definita come la diffusione intenzionale
di informazioni false o teorie del complotto volte a ingannare
le persone. Gli autori della disinformazione possono essere

governi, aziende, gruppi politici o individui maligni che cercano di promuovere i propri interessi. La disinformazione è spesso diffusa sui social media, sui forum online e sui siti web, dove può diffondersi rapidamente e raggiungere un pubblico molto più ampio.

Le fake news possono avere gravi conseguenze sulla società. Possono influenzare il modo in cui le persone votano, la loro salute e il loro benessere, nonché il loro comportamento nella vita quotidiana. Ad esempio, la disinformazione sui vaccini ha portato ad un aumento dei casi di malattie evitabili tramite la vaccinazione, e la disinformazione sulla COVID-19 ha portato a un aumento del numero di persone che rifiutano di indossare mascherine o di farsi vaccinare.

La «post-verità», d'altra parte, è definita come la tendenza ad accettare opinioni e credenze personali piuttosto che fatti oggettivi e verificabili. La «post-verità» può essere alimentata dalla disinformazione, poiché le persone sono più inclini a credere a ciò che corrisponde alle loro opinioni e credenze preesistenti. La «post-verità» può anche essere favorita dai social media, dove gli algoritmi possono creare «bolle di filtro» che rafforzano le opinioni preesistenti di un individuo.

Strategie di distrazione e polarizzazione

In questa sezione, esploreremo le strategie di distrazione e polarizzazione utilizzate nella manipolazione di massa.

La strategia di distrazione può assumere diverse forme. Può consistere in una falsa informazione propagata per distogliere l'attenzione del pubblico su un argomento importante. I media possono anche concentrarsi su un argomento minore e creare un clamore mediatico intorno ad esso per attirare l'attenzione del pubblico, ignorando o minimizzando nel contempo un argomento importante. I governi possono anche organizzare eventi spettacolari o annunci dell'ultimo minuto per distogliere l'attenzione da argomenti importanti.

Un esempio di strategia di distrazione potrebbe essere il modo in cui alcune aziende evitano di essere ritenute responsabili delle proprie azioni creando scandali minori per distrarre l'opinione pubblica.

Ad esempio, quando un'azienda viene accusata di pratiche commerciali discutibili o di problemi ambientali, può cercare di distogliere l'attenzione organizzando un evento spettacolare che attiri l'attenzione dei media e del pubblico. Questa strategia di distrazione viene utilizzata per evitare di rispondere a accuse importanti e per ridurre le potenziali conseguenze per l'azienda.

La polarizzazione può anche essere utilizzata per dividere la popolazione. Può assumere la forma di un'opposizione artificiale, creata per dividere le persone in due fazioni opposte. Ad esempio, un partito politico può essere demonizzato dai media, creando così una polarizzazione tra coloro che lo sostengono e coloro che lo respingono, senza che il pubblico abbia i mezzi per valutare le posizioni del partito in questione.

I social media possono anche essere utilizzati per diffondere informazioni polarizzanti e creare conflitti artificiali tra gruppi. I media possono demonizzare un partito politico o un candidato, creando così polarizzazione tra i sostenitori e gli oppositori. Poi gli algoritmi di questi social media possono amplificare questi messaggi e diffonderli su larga scala, creando così una polarizzazione e una divisione più pronunciate.

Entrambe le tecniche possono essere utilizzate insieme per creare distrazione e dividere la popolazione, facilitando la manipolazione.

Tecniche di gatekeeping e framing

Nella manipolazione di massa, le tecniche di gatekeeping e framing svolgono un ruolo essenziale nella creazione e diffusione dell'informazione. Il gatekeeping è il processo di filtraggio delle informazioni da parte dei media e dei decisori, mentre il framing riguarda il modo in cui l'informazione viene presentata per influenzare la percezione del pubblico.

I media svolgono un ruolo importante nel gatekeeping scegliendo le storie da coprire e decidendo come presentarle. Questa selezione può essere influenzata da fattori come le preferenze dei proprietari dei media, gli interessi degli inserzionisti o le relazioni con le fonti di informazione. Controllando la diffusione dell'informazione, i media possono influenzare l'opinione pubblica e l'agenda politica.

Il framing, d'altra parte, è una tecnica utilizzata per influenzare la percezione del pubblico su un determinato argomento utilizzando un linguaggio specifico, immagini e associazioni che suscitano emozioni e reazioni. Ad esempio, un argomento può essere presentato sotto un'ottica positiva o negativa a seconda di come viene inquadrato.

I politici e i gruppi di pressione spesso utilizzano il framing per plasmare l'opinione pubblica sulle questioni politiche. Possono utilizzare termini emotivamente carichi per suscitare reazioni, come «immigrazione illegale» o «riforma fiscale». Questi termini inquadrano la questione in modo che il pubblico percepisca le politiche proposte come positive o negative, a seconda di come vengono presentate.

È importante ricordare che il framing può essere utilizzato per manipolare le opinioni e che i media possono svolgere un ruolo cruciale nella diffusione di tali impostazioni. Pertanto, è essenziale rimanere vigili e valutare attentamente le fonti di informazione e il modo in cui i soggetti vengono presentati.

Influenza delle relazioni pubbliche e della lobby

Nel nostro mondo moderno, le relazioni pubbliche e la lobby svolgono un ruolo sempre più importante nella manipolazione di massa. Le aziende, le organizzazioni politiche e i governi utilizzano queste tecniche per influenzare l'opinione pubblica a favore dei loro interessi. Le relazioni pubbliche sono un insieme di tecniche di comunicazione volte a influenzare l'opinione pubblica a favore di un'azienda, di un prodotto o di un'organizzazione, mentre la lobby è un modo per fare pressione sui decisori politici affinché adottino politiche favorevoli a un'azienda o a un'organizzazione.

Le aziende spesso utilizzano le relazioni pubbliche per migliorare la loro immagine e la loro reputazione. Assumono professionisti delle relazioni pubbliche per creare messaggi pubblicitari, eventi e campagne di comunicazione volte a convincere i consumatori che i loro prodotti o servizi sono i migliori sul mercato. Anche le organizzazioni politiche utilizzano le relazioni pubbliche per persuadere gli elettori a sostenere i loro candidati e le loro politiche.

La lobby è una forma di relazioni pubbliche che si concentra sugli sforzi di pressione nei confronti dei decisori politici. Le aziende e le organizzazioni politiche spesso assumono lobbyist per influenzare le politiche e le leggi che li riguardano. I lobbyist lavorano a stretto contatto con i decisori politici, fornendo loro informazioni e argomenti che li convincono ad adottare politiche favorevoli ai loro clienti.

La lobby può assumere diverse forme, tra cui campagne pubblicitarie, contributi politici e sforzi di relazioni pubbliche. Le aziende possono anche organizzare eventi e riunioni per incontrare i decisori politici e discutere delle loro preoccupazioni.

Tuttavia, la lobby può anche avere conseguenze negative sulla democrazia. I lobbyist possono fare pressioni sui decisori politici affinché adottino politiche che favoriscano gli interessi dei loro clienti, anziché l'interesse pubblico. Ciò può portare a politiche favorevoli alle aziende e alle organizzazioni politiche, ma dannose per la società nel suo complesso.

Per resistere alla manipolazione di massa tramite le relazioni pubbliche e la lobby, i cittadini devono essere consapevoli della loro esistenza e del loro impatto sulla società. Devono essere scettici nei confronti dei messaggi pubblicitari e dei discorsi politici e cercare informazioni provenienti da fonti indipendenti e autorevoli.

I social media e la diffusione delle idee

L'effetto delle camere d'eco e delle bolle di filtraggio

I social media hanno trasformato il modo in cui consumiamo e condividiamo le informazioni. Tuttavia, questa evoluzione ha anche creato effetti negativi, come le camere d'eco e le bolle di filtraggio. Questi fenomeni possono contribuire alla polarizzazione dell'opinione pubblica e alla diffusione di false informazioni.

Le camere d'eco si verificano quando gli individui si circondano di altre persone con opinioni simili alle proprie. Di conseguenza, possono essere esposti a informazioni che confermano le loro convinzioni senza essere esposti a punti di vista contrastanti. Questo fenomeno è amplificato dagli algoritmi di raccomandazione dei contenuti sui social media, che suggeriscono pubblicazioni in base agli interessi e alle interazioni dell'utente.

Le bolle di filtraggio, invece, sono il risultato dell'uso di filtri per selezionare i contenuti presentati agli utenti in base ai loro interessi e alla loro cronologia di ricerca. Di conseguenza, gli utenti potrebbero vedere solo informazioni che confermano le loro convinzioni senza essere esposti a punti di vista contrastanti.

Questi fenomeni possono avere effetti negativi sulla

società, creando divisioni e tensioni tra diverse opinioni
e riducendo la qualità delle informazioni disponibili. Ad
esempio, le camere d'eco possono condurre a una maggior
polarizzazione dell'opinione pubblica, poiché le persone
tendono ad adottare posizioni più estreme quando sono in
presenza di altre persone che condividono le stesse opinioni.

Durante la rivoluzione egiziana del 2011, ad esempio, i
social media hanno svolto un ruolo importante, ma hanno
anche contribuito alla polarizzazione dell'opinione pubblica. I
sostenitori di Mubarak e i sostenitori dell'opposizione hanno
formato gruppi separati su Facebook, ognuno esposto solo a
informazioni che confermavano le loro convinzioni.

Viralità e meccanismi di coinvolgimento

La viralità e i meccanismi di coinvolgimento sono elementi
chiave nella manipolazione di massa e nella diffusione delle
idee. La viralità si riferisce alla rapida e massiva diffusione di
contenuti su Internet, generalmente attraverso i social media.
I meccanismi di coinvolgimento, invece, sono i modi in cui gli
utenti interagiscono con i contonuti, ad esempio mettendo
«mi piace», condividendo o commentando.

I social media hanno trasformato il modo in cui le
informazioni vengono condivise e consumate. Hanno
consentito alle persone di connettersi facilmente e
rapidamente con un gran numero di altre persone che
condividono gli stessi interessi e le stesse opinioni. Tuttavia,
hanno anche creato ambienti in cui le idee sono spesso
polarizzate e le prospettive divergenti sono escluse. Le

camere d'eco e le bolle di filtraggio sono esempi di questi ambienti che possono favorire la diffusione di false informazioni e la manipolazione dell'opinione pubblica.

Gli algoritmi dei social media svolgono anche un ruolo importante nella manipolazione di massa. Possono incoraggiare la polarizzazione presentando agli utenti contenuti simili a quelli già consumati, rafforzando così le loro convinzioni e opinioni. Anche il micro-targeting e la pubblicità mirata vengono utilizzati per specificamente mirare agli utenti in base ai loro interessi e comportamenti online, aumentando così il loro coinvolgimento con contenuti specifici.

Un esempio riguarda il movimento QAnon, una teoria del complotto emersa sui social media nel 2017. I sostenitori di QAnon credono in un complotto globale che coinvolge élite politiche e finanziarie che cercano di controllare il mondo. Condividono attivamente contenuti sui social media per attirare nuovi adepti e rafforzare il loro coinvolgimento. Questa teoria del complotto ha conosciuto una forte crescita grazie alla viralità e ai meccanismi di coinvolgimento dei social media.

In risposta a questi problemi, sono state create organizzazioni come MediaWise e NewsGuard per promuovere l'alfabetizzazione mediatica e combattere la disinformazione online. MediaWise è un'iniziativa di Google volta a insegnare ai giovani come verificare i fatti e individuare le false informazioni online. NewsGuard è uno strumento di fact-checking che valuta l'affidabilità dei siti web in base a criteri come l'accuratezza e la trasparenza.

Bot e troll: come influenzano le opinioni

I social media hanno rivoluzionato il modo in cui ci comuniciamo e interagiamo gli uni con gli altri. Hanno anche creato nuove opportunità per individui con cattive intenzioni di manipolare le opinioni pubbliche su larga scala. I bot e i troll sono due esempi di queste pratiche malevole che vengono utilizzate per influenzare le opinioni sui social media.

I bot sono programmi informatici automatizzati che svolgono compiti ripetitivi su Internet, come rispondere a tweet o pubblicare messaggi su forum di discussioni. I bot possono essere programmati per diffondere messaggi specifici, promuovere idee o prodotti e persino generare traffico per siti web.

I troll, invece, sono individui che intervengono nelle discussioni online postando messaggi provocatori o offensivi al fine di creare confusione o suscitare reazioni negative. I troll possono anche essere ingaggiati per sostenere una causa o una persona in particolare diffondendo false informazioni o amplificando i messaggi.

I bot e i troll vengono utilizzati in una varietà di contesti, come politica, affari, social media, guerre informative e propaganda. Possono essere utilizzati per rafforzare o denigrare un'opinione o una persona, creare camere d'eco e bolle di filtraggio o suscitare reazioni emotive.

La loro efficacia dipende in gran parte dalla loro capacità di passare inosservati. I bot sono spesso programmati per agire come utenti umani, usando nomi utente generici, foto profilo casuali e riproducendo linguaggio e comportamenti umani. I troll possono anche nascondere la loro vera identità usando pseudonimi e indirizzi IP anonimi.

Un esempio dell'uso dei bot per influenzare le opinioni è stata l'elezione presidenziale americana del 2016. Gli investigatori hanno scoperto che migliaia di bot sono stati utilizzati per diffondere false informazioni sui social media al fine di promuovere la candidatura di Donald Trump. I bot sono stati anche utilizzati per amplificare i messaggi negativi sugli altri candidati, in particolare su Hillary Clinton.

Un altro esempio dell'uso di bot e troll è il conflitto in Siria. Governi e gruppi militanti hanno utilizzato bot per promuovere la loro causa e diffondere false informazioni. I troll sono stati anche utilizzati per seminare confusione e screditare le testimonianze delle vittime del conflitto.

L'impatto dei bot e dei troll sulle opinioni pubbliche è difficile da misurare, ma diversi studi hanno mostrato che la loro influenza può essere significativa. Ad esempio, gli studi hanno dimostrato che i bot possono influenzare le tendenze di ricerca su Twitter e che i troll possono influenzare la percezione dei commenti online e il processo decisionale.

È quindi importante essere consapevoli della presenza di queste pratiche malevole e adottare misure per contrastarle. Le aziende di social media e i governi possono svolgere un ruolo importante stabilendo regolamentazioni per prevenire un uso improprio dei bot e dei troll. Anche gli utenti individuali possono contribuire segnalando attività sospette e sviluppando un pensiero critico per individuare contenuti ingannevoli e falsi profili.

Algoritmo e polarizzazione delle opinioni

L'uso degli algoritmi per personalizzare i contenuti online ha cambiato il modo in cui accediamo alle informazioni. Gli algoritmi sono programmi informatici che utilizzano dati dell'utente per consigliare contenuti che potrebbero interessarli. Questi algoritmi possono essere utilizzati per selezionare i risultati di ricerca, le pubblicità e le pubblicazioni sui social media. Sebbene gli algoritmi possano offrire un'esperienza online personalizzata, possono anche polarizzare le opinioni filtrando le informazioni presentate agli utenti.

Ad esempio, gli algoritmi di raccomandazione di YouTube sono stati criticati per aver portato gli utenti a video estremisti e di cospirazione a causa del modo in cui i video vengono ordinati e raccomandati.

Gli algoritmi utilizzano dati come la cronologia di ricerca, i clic precedenti e le informazioni di profilo per raccomandare contenuti pertinenti agli utenti. Le aziende utilizzano tali dati per adattare i loro contenuti e le loro pubblicità in base all'interesse dell'utente. Tuttavia, questa personalizzazione dell'esperienza online può anche creare bolle di filtraggio, in cui gli utenti vengono esposti solo a informazioni che corrispondono alle loro opinioni preesistenti. Questa polarizzazione delle opinioni può portare a una frammentazione della società, in cui le persone vengono esposte solo a opinioni simili e non a una varietà di opinioni.

Un altro esempio riguarda le teorie del complotto, spesso amplificate dagli algoritmi dei social media. Le persone che credono alle teorie del complotto tendono a cercare informazioni che confermano la loro visione, il che significa che gli algoritmi possono raccomandare più contenuti di teorie del complotto, rafforzando la loro convinzione. Ciò può portare a una maggiore polarizzazione della società e a divisioni più profonde tra diverse comunità.

Anche i social media, come Facebook e Twitter, utilizzano algoritmi per raccomandare contenuti pertinenti agli utenti. Gli algoritmi di Facebook sono progettati per mostrare i contenuti più rilevanti e interessanti per ogni utente. Tuttavia, ciò può anche creare una camera d'eco, in cui gli utenti vengono esposti solo a opinioni simili alle loro poiché il contenuto non pertinente ai loro interessi non appare nel loro feed.

Micro-targeting e pubblicità personalizzata

Oggi, le aziende e le organizzazioni possono utilizzare tecnologie avanzate per micro-targetizzare pubblicità personalizzate in base ai dati degli utenti raccolti sui social media e sui siti web che visitano. Questa tecnica di marketing consente di fornire annunci più pertinenti e coinvolgenti per i consumatori mirati, aumentando le possibilità che acquistino un prodotto o si uniscano a un'idea. Tuttavia, questa pratica solleva questioni etiche sull'uso dei dati degli utenti e su come questo possa influenzare la loro privacy e la loro libertà di pensiero.

Ad esempio, nel 2018, Facebook è stato accusato di aver permesso alla società di consulenza politica Cambridge Analytica di accedere ai dati di oltre 50 milioni di utenti di Facebook per mirare a pubblicità politiche personalizzate durante le elezioni presidenziali americane del 2016. Cambridge Analytica avrebbe utilizzato i dati per mirare agli elettori in base alla loro psicologia, alle loro opinioni politiche e ai loro interessi.

Il micro-targeting consiste nell'utilizzo di algoritmi per raccogliere e analizzare dati sugli utenti al fine di proporre pubblicità personalizzate in base alle loro preferenze e al loro comportamento online. Le aziende possono mirare ai consumatori in base all'età, al sesso, alla posizione geografica, agli interessi e persino al comportamento di acquisto precedente. Le pubblicità personalizzate possono essere mostrate sui social media, sui siti web, sulle applicazioni mobili e persino sulle smart TV.

Ad esempio, Amazon utilizza algoritmi di targeting per consigliare prodotti ai propri clienti in base alla loro cronologia di acquisto, alla loro cronologia di navigazione sul sito, alle loro ricerche e ai loro interessi.

Sebbene possa sembrare una pratica di marketing efficace, il micro-targeting solleva preoccupazioni sull'impatto sulla privacy degli utenti. Le aziende possono raccogliere dati personali sugli utenti senza il loro esplicito consenso e utilizzare queste informazioni per scopi pubblicitari. Inoltre, gli algoritmi possono profilare gli utenti e mirarli con annunci che possono influenzarne l'opinione e il comportamento, senza che ne siano consapevoli.

Il micro-targeting è anche preoccupante nel contesto delle elezioni e della manipolazione dell'opinione pubblica. Le campagne politiche possono utilizzare questa tecnica per mirare a pubblicità politiche personalizzate in base all'età, al sesso, alla posizione geografica e alle opinioni politiche degli utenti. Questi annunci possono essere utilizzati per diffondere false informazioni, attacchi personali o per polarizzare l'opinione pubblica.

Gli utenti possono comunque limitare la raccolta di dati personali regolando le impostazioni sulla privacy sui social media e sui siti web che visitano. Anche le aziende devono essere trasparenti su come raccolgono e utilizzano i dati degli utenti. Ad esempio, in Europa, il Regolamento generale sulla protezione dei dati (GDPR) è stato introdotto nel maggio 2018 per proteggere la privacy degli utenti e regolamentare la raccolta e l'utilizzo dei loro dati.

Marketing politico e manipolazione elettorale

Tecniche di comunicazione politica

Nel campo della comunicazione politica, le tecniche di persuasione e influenza vengono spesso utilizzate per manipolare l'opinione pubblica a favore di un candidato, di un partito politico o di un'ideologia. Queste tecniche sono progettate per mirare alle emozioni, alle paure e ai desideri degli elettori al fine di indurli a prendere una decisione a favore del candidato o del partito in questione. Ecco alcune delle tecniche più comuni utilizzate nella comunicazione politica:

L'uso di sondaggi e dati per manipolare l'opinione pubblica:

I sondaggi possono essere utilizzati per influenzare l'opinione pubblica a favore di un candidato o di un partito politico. I risultati dei sondaggi possono essere manipolati per dare l'impressione che un candidato o un partito politico sia più popolare di quanto in realtà sia.

Ad esempio, durante le elezioni presidenziali del 2020 in Polonia, i sondaggi sono stati utilizzati per presentare il candidato del partito al potere, Andrzej Duda, come il favorito per le elezioni, influenzando così l'opinione pubblica a favore del suo partito politico. Questa strategia si è rivelata efficace nel mobilitare gli elettori e incoraggiare le persone a votare per il partito al potere.

La gestione dell'immagine e del discorso politico:

La gestione dell'immagine e del discorso politico è una
tecnica di comunicazione che mira a presentare un candidato
o un partito politico in modo favorevole. I discorsi politici
possono essere redatti in modo da mettere in luce i punti
di forza e le qualità del candidato o del partito politico,
minimizzando al contempo i punti deboli e i difetti.

Ad esempio, durante la campagna presidenziale del 2008
negli Stati Uniti, il candidato Barack Obama ha utilizzato
lo slogan «Yes we can» per promuovere il suo messaggio
di speranza e cambiamento. Questa campagna di
comunicazione si è rivelata efficace nel coinvolgere i giovani
elettori e incoraggiarli.

Le tecniche di storytelling e framing:

Le tecniche di storytelling e framing vengono utilizzate per
presentare le questioni politiche da una certa prospettiva.
I candidati e i partiti politici possono utilizzare storie
commoventi per coinvolgere emotivamente gli elettori o
incorniciare un problema in modo da evidenziare i vantaggi
della loro posizione.

Ad esempio, durante le elezioni presidenziali francesi del
2017, il candidato Emmanuel Macron ha utilizzato un
approccio centrato sui cittadini per coinvolgere emotivamente
gli elettori e promuovere il suo messaggio di cambiamento.
Macron ha presentato il suo programma elettorale sotto
forma di racconto, mettendo in evidenza esempi concreti per

illustrare il suo punto di vista.

La pubblicità personalizzata e il micro-targeting:

La pubblicità personalizzata e il micro-targeting sono tecniche
che consentono di diffondere pubblicità mirata in base ai
dati demografici, alle preferenze politiche e ai comportamenti
online degli elettori. Queste pubblicità possono essere
utilizzate per influenzare l'opinione degli elettori a favore di
un candidato o di un partito politico.

Ad esempio, durante le elezioni presidenziali del 2016
negli Stati Uniti, la campagna di Donald Trump ha utilizzato
dati demografici e comportamenti online per indirizzare le
pubblicità in base alle preferenze politiche degli elettori.
Questa tecnica si è rivelata efficace nel plasmare l'opinione
pubblica e incoraggiare gli elettori a votare a favore di Trump.

Le campagne di disinformazione:

Le campagne di disinformazione sono tecniche utilizzate per
diffondere false Informazioni al fine di manipolare l'opinione
pubblica. Le campagne di disinformazione possono assumere
la forma di false notizie, voci o teorie del complotto.

Anche durante le elezioni presidenziali del 2016 negli Stati
Uniti, sono state utilizzate campagne di disinformazione per
diffondere false notizie sui social media. Queste campagne
si sono dimostrate efficaci nel plasmare l'opinione pubblica e
incoraggiare gli elettori a votare per un candidato o un partito
politico piuttosto che un altro.

È importante sottolineare che tutte queste tecniche di comunicazione politica non sono necessariamente negative di per sé. I candidati e i partiti politici hanno il diritto di fare campagna e promuovere le loro idee. Tuttavia, è importante che gli elettori siano consapevoli di queste tecniche e siano in grado di prendere decisioni informate. Gli elettori devono essere incoraggiati a cercare fonti di informazione affidabili e ad adottare un pensiero critico prima di prendere una decisione politica.

Gestione dell'immagine e del discorso politico

La gestione dell'immagine e del discorso politico è una parte essenziale della manipolazione di massa. I politici e i partiti politici utilizzano tecniche sofisticate per plasmare la loro immagine e il loro messaggio al fine di ottenere l'adesione del pubblico.

I politici spesso assumono consulenti di comunicazione per aiutarli a sviluppare un'immagine pubblica positiva. Possono utilizzare sondaggi di opinione per determinare ciò che è popolare tra il pubblico e adattare la propria immagine di conseguenza. I politici possono anche concentrarsi su questioni importanti per la loro base di sostegno per rafforzare la propria immagine positiva.

Oltre alla gestione dell'immagine, i politici utilizzano tutte le tecniche precedentemente menzionate nel libro. Dalle più sofisticate alle più semplici, per plasmare il loro messaggio al fine di ottenere l'adesione del pubblico.

Possono utilizzare tecniche di framing per presentare una questione in modo da influenzare l'opinione pubblica. Ad esempio, un politico può presentare un problema come una scelta tra due opzioni opposte, quando nella realtà ci sono diverse opzioni possibili.

Presentando una questione come una questione di sicurezza nazionale, i politici possono convincere il pubblico a sostenere misure che altrimenti sarebbero impopolari. L'uso di termini come «terrorismo» o «immigrazione illegale» può anche influenzare l'opinione pubblica a favore di un'azione governativa più severa.

Inoltre, possono utilizzare tecniche di storytelling per raccontare storie che rafforzano la propria immagine e il proprio messaggio. Le storie possono essere utilizzate per presentare un politico in modo positivo, facendolo apparire come un eroe che risolve i problemi della società.

Infine, i politici possono utilizzare tecniche di persuasione per convincere il pubblico a sostenere la propria posizione. Possono utilizzare principi di persuasione come reciprocità, autorità, impegno e prova sociale per influenzare l'opinione pubblica e, inoltre, possono utilizzare anche strategie di disinformazione per ingannare il pubblico e ottenere il loro sostegno.

Tecniche di gerrymandering e soppressione degli elettori

La manipolazione elettorale può assumere molte forme e una delle più insidiose è il gerrymandering e la soppressione degli elettori. Il gerrymandering è una tecnica utilizzata per modificare i confini dei distretti elettorali al fine di favorire un partito politico a discapito di un altro. Questa pratica può essere svolta in modo evidente o sottile, ma in entrambi i casi ha come obiettivo garantire la vittoria di un partito politico manipolando i voti.

Prendiamo ad esempio il gerrymandering negli Stati Uniti. Nel 2010, dopo le elezioni di metà mandato, i repubblicani hanno vinto un gran numero di seggi nelle assemblee legislative statali, conferendo loro un vantaggio significativo nel ridisegnare i confini dei distretti elettorali. Utilizzando dati demografici e elettorali, hanno creato distretti che erano fortemente a favore dei repubblicani, isolando gli elettori democratici in distretti a maggioranza democratica.

Ciò ha avuto l'effetto di polarizzare sempre di più le elezioni e ridurre la rappresentanza delle minoranze etniche e socio-economiche nelle assemblee legislative. Ciò ha anche portato a politiche pubbliche che favorivano gli interessi dei repubblicani a discapito degli interessi della popolazione nel suo complesso.

La soppressione degli elettori è un'altra tecnica di manipolazione elettorale che mira a impedire a determinati elettori di partecipare alle elezioni. Questa tecnica può essere utilizzata in varie forme, come la rimozione dai registri degli elettori, l'imposizione di rigide regole di voto o la chiusura dei seggi elettorali nelle aree svantaggiate.

Per quanto riguarda la soppressione degli elettori, prendiamo ad esempio lo Stato della Georgia nelle elezioni del 2018. Il segretario di Stato all'epoca, Brian Kemp, che era anche candidato per il governatorato, aveva messo in atto una serie di misure volte a scoraggiare gli elettori dal partecipare al processo elettorale. Queste misure includevano la chiusura dei seggi elettorali nelle aree a maggioranza nera, l'obbligo di presentare un documento d'identità con foto per poter votare, la rimozione dai registri degli elettori e l'imposizione di rigide regole di voto.

Queste tecniche di manipolazione elettorale hanno conseguenze negative sulla democrazia e sulla partecipazione dei cittadini. Possono anche rafforzare le disuguaglianze socio-economiche emarginando alcuni gruppi della società.

La resistenza alla manipolazione e la promozione del pensiero critico

Educazione ai media e all'informazione

L'educazione ai media e all'informazione è un elemento chiave per aiutare gli individui a capire e resistere alla manipolazione di massa. Questa educazione dovrebbe iniziare fin dalla tenera età e continuare per tutta la vita.

Un approccio fondamentale è insegnare agli individui come identificare e valutare le fonti d'informazione. È importante capire che tutte le fonti non sono uguali e che è essenziale avere informazioni affidabili per formarsi un'opinione informata. Gli individui devono imparare a distinguere i fatti dalle opinioni, le fonti d'informazione affidabili da quelle dubbie o ingannevoli e gli argomenti validi dagli argomenti fallaci.

Per facilitare questo apprendimento, è possibile fare uso di analogie. Ad esempio, si può paragonare il consumo di informazioni al consumo di cibo: come per il cibo, è importante chiedersi da dove provengono le informazioni che consumiamo, quali ingredienti le compongono e se sono buone per la nostra salute mentale e il nostro benessere.

Oltre a comprendere le fonti d'informazione, gli individui devono anche imparare a riconoscere le tecniche di

manipolazione di massa. Ciò include la comprensione dei
bias cognitivi, delle tecniche di persuasione e influenza,
così come delle strategie di propaganda e di manipolazione
dell'opinione pubblica.

L'apprendimento del pensiero critico è altrettanto essenziale.
Gli individui devono imparare a fare domande, mettere in
discussione le idee preconcette, valutare le prove e mostrare
spirito critico di fronte alle informazioni che ricevono.

L'uso dell'umorismo e delle metafore può essere un buon
metodo per aiutare l'apprendimento del pensiero critico. Ad
esempio, si può utilizzare l'analogia del detective per aiutare
gli individui a capire l'importanza di fare domande e cercare
prove per giungere a una conclusione solida.

Infine, è importante incoraggiare gli individui a diversificare
le loro fonti d'informazione. Gli individui devono capire che
i media hanno dei bias e degli interessi e che l'esposizione
a una gamma di prospettive può aiutare a comprendere le
questioni in modo più completo.

In conclusione, l'educazione ai media e all'informazione è
un elemento chiave per aiutare gli individui a resistere alla
manipolazione di massa. Gli individui devono imparare a
identificare e valutare le fonti d'informazione, riconoscere
le tecniche di manipolazione, sviluppare il pensiero critico
e diversificare le loro fonti d'informazione. Ciò può essere
facilitato dall'uso di analogie e metafore per favorire la
comprensione.

Importanza della diversità delle fonti d'informazione

Nel nostro mondo moderno, siamo esposti a una grande quantità di informazioni provenienti da diverse fonti. Tuttavia, non tutte le fonti sono affidabili e alcune possono persino essere malevoli, con l'obiettivo di manipolare e influenzare l'opinione pubblica. Pertanto, è cruciale diversificare le proprie fonti d'informazione per evitare di cadere nella trappola della manipolazione di massa.

Infatti, la diversità delle fonti d'informazione consente di avere una visione più ampia e sfumata degli eventi e dei temi di attualità. Esponendo la nostra mente a diverse prospettive e punti di vista controversi, possiamo sviluppare il nostro pensiero critico e la nostra capacità di valutare le informazioni in modo indipendente. Ciò può aiutarci a evitare di credere acriticamente ai discorsi semplificati o alle false informazioni che spesso circolano nei media e sui social network.

Per diversificare le proprie fonti d'informazione, è importante cercare media e siti d'informazione che abbiano una reputazione di obiettività e affidabilità. È anche utile consultare fonti internazionali per avere una prospettiva diversa sugli eventi che si verificano nel nostro paese. Infine, è importante seguire fonti che hanno una prospettiva diversa dalla nostra, anche se non siamo d'accordo con loro. Ciò può aiutarci a comprendere gli argomenti delle persone che hanno punti di vista diversi e a trovare punti di convergenza.

In sintesi, la diversità delle fonti d'informazione è essenziale per sviluppare il nostro pensiero critico e evitare la manipolazione di massa. Essendo esposti a prospettive diverse e contraddittorie, possiamo comprendere meglio gli eventi e i temi di attualità e prendere decisioni informed. È quindi importante cercare fonti d'informazione affidabili e rimanere informati in modo attivo e indipendente.

Sviluppo del pensiero critico e del ragionamento razionale

In un mondo in cui le informazioni sono ubiquitarie e la disinformazione può essere facilmente diffusa, è essenziale sviluppare il nostro pensiero critico e il nostro ragionamento razionale per proteggerci dalla manipolazione di massa. Lo sviluppo del pensiero critico e del ragionamento razionale comporta diverse fasi chiave che possono aiutarci a comprendere e analizzare meglio le informazioni che ci vengono presentate.

Il primo passo consiste nel mettere in discussione le nostre convinzioni e ipotesi. Dobbiamo essere aperti a mettere in discussione le nostre opinioni e posizioni e ad esaminare gli argomenti e le prove che le sostengono. Dobbiamo anche essere consapevoli dei nostri pregiudizi e dei nostri preconcetti e disposti a metterli in discussione.

Il secondo passo consiste nel cercare fonti d'informazione affidabili e credibili. È importante fare affidamento su fonti d'informazione che abbiano dimostrato la loro affidabilità e che siano rinomate per la loro imparzialità. Dobbiamo anche essere consapevoli delle fonti di informazione tendenziose e della propaganda, e disposti a esaminare criticamente le informazioni.

Il terzo passo consiste nel valutare gli argomenti e le prove presentate. Dobbiamo essere pronti a esaminare le prove e valutarne l'affidabilità e la pertinenza. Dobbiamo anche essere consapevoli delle tecniche di manipolazione di massa che possono essere utilizzate per presentare argomenti ingannevoli o fallaci.

Il quarto passo consiste nello sviluppare le nostre competenze nel ragionamento logico e nella risoluzione dei problemi. Dobbiamo essere pronti a esaminare criticamente le informazioni e a valutare gli argomenti utilizzando metodi di ragionamento logico rigorosi. Dobbiamo anche essere in grado di risolvere i problemi in modo creativo e di proporre soluzioni basate su prove solide e argomenti logici.

Il quinto passo consiste nel comunicare le nostre conclusioni in modo chiaro e conciso. Dobbiamo essere capaci di comunicare efficacemente le nostre idee e conclusioni, utilizzando un linguaggio chiaro e preciso. Dobbiamo anche essere pronti ad ascoltare le opinioni degli altri e a discutere in modo costruttivo e rispettoso.

In sintesi, lo sviluppo del pensiero critico e del ragionamento razionale è un processo continuo che comporta la messa in discussione delle nostre convinzioni e ipotesi, la ricerca di fonti d'informazione affidabili e credibili, la valutazione degli argomenti e delle prove presentate, lo sviluppo delle nostre competenze nel ragionamento logico e nella risoluzione dei problemi e la comunicazione efficace delle nostre conclusioni.

Sviluppando queste competenze, possiamo proteggerci meglio dalla manipolazione di massa e contribuire a un mondo più illuminato e consapevole.

Incentivare il dialogo e il dibattito costruttivo

In questa sezione, esploreremo l'importanza del dialogo e del dibattito costruttivo nella lotta contro la manipolazione di massa. È essenziale capire che la manipolazione di massa spesso funziona sfruttando le paure, i pregiudizi e le emozioni delle persone, presentando informazioni tendenziose o ingannevoli per influenzare la loro opinione. Per contrastare questo fenomeno, è cruciale creare un ambiente in cui le persone possano esprimersi liberamente e scambiare punti di vista in modo aperto e rispettoso.

Il dialogo e il dibattito costruttivo possono svolgere un ruolo chiave nella lotta contro la manipolazione di massa, incoraggiando le persone a considerare diverse prospettive ed esaminare criticamente le informazioni. Il dialogo può contribuire a dissipare i malintesi e a chiarire i punti di vista, mentre il dibattito costruttivo può aiutare a individuare le debolezze negli argomenti e a migliorare le idee confrontandole con altre prospettive.

Tuttavia, è importante notare che il dialogo e il dibattito costruttivo sono efficaci solo se condotti in modo rispettoso ed equo. Ciò significa che tutti i partecipanti devono essere pronti ad ascoltare attentamente gli altri punti di vista e a considerare le prove presentate prima di rispondere. Inoltre, il dibattito deve essere condotto con uno spirito di cooperazione anziché di confronto, e ogni partecipante deve essere incoraggiato a esprimere le proprie opinioni in modo rispettoso e non aggressivo.

È anche importante creare un ambiente sicuro e inclusivo in cui tutti i partecipanti si sentano a loro agio nell'esprimersi. Ciò significa che i partecipanti devono essere rispettosi gli uni verso gli altri, evitare di stigmatizzare le opinioni altrui e non esercitare pressioni sugli altri affinché si conformino a un'opinione specifica.

Infine, il dialogo e il dibattito costruttivo devono essere supportati da informazioni verificate e affidabili. I partecipanti devono essere incoraggiati a verificare i fatti e a considerare diverse fonti d'informazione credibili prima di prendere posizione. In un mondo in cui la disinformazione è onnipresente, è essenziale fare affidamento sui fatti verificabili per evitare di essere ingannati.

In conclusione, il dialogo e il dibattito costruttivo possono svolgere un ruolo cruciale nella lotta contro la manipolazione di massa. Incoraggiando le persone a considerare diverse prospettive ed esaminare criticamente le informazioni, possiamo contribuire a creare un ambiente in cui le opinioni siano basate su fatti anziché su emozioni manipolate. Ciò richiede un impegno attivo da parte di ciascuno per essere pronti ad ascoltare attentamente, a considerare le prove presentate e a esprimersi in modo rispettoso e non aggressivo.

Appendice : Études de cas et exemples historiques

Les campagnes de propagande des régimes totalitaires (nazisme, communisme)

Les campagnes de propagande menées par les régimes totalitaires tels que le nazisme et le communisme ont marqué l'histoire par leur ampleur et leur efficacité. Ces régimes ont compris l'importance de la manipulation de masse pour contrôler l'opinion publique et asseoir leur pouvoir sur la population. Leur objectif était de créer un consensus autour de leur idéologie, d'éliminer toute opposition et de faire accepter leur vision du monde comme la seule réalité possible.

Les régimes totalitaires ont mis en place des dispositifs de propagande très sophistiqués, mobilisant tous les moyens de communication disponibles : presse, radio, cinéma, affiches, discours publics, etc. Ils ont utilisé des techniques de manipulation éprouvées, telles que la répétition, la désinformation, l'appel à l'autorité et la manipulation émotionnelle. Ils ont également recouru à des symboles et des images fortes pour marquer les esprits et susciter l'adhésion de la population.

Le régime nazi en Allemagne a utilisé la propagande pour diffuser son idéologie antisémite et justifier la persécution des Juifs. Le Parti nazi a mis en place un dispositif de propagande sophistiqué, utilisant notamment des affiches, des journaux, des films et des discours publics pour diaboliser les Juifs et présenter leur extermination comme une nécessité pour la survie de la nation. De plus, les nazis ont créé des caricatures et des stéréotypes de juifs, les accusant de tous les maux de la société. Ils ont également organisé des manifestations et des boycotts de commerces juifs pour renforcer leur discours antisémite. L'une des campagnes les plus célèbres est celle de la «Nuit de Cristal» en novembre 1938, qui a vu les nazis attaquer et incendier des commerces juifs et des synagogues dans toute l'Allemagne.

De même, le régime communiste en Union soviétique a utilisé la propagande pour justifier la répression politique et économique. Le Parti communiste a diffusé son idéologie à travers des affiches, des films, des journaux et des discours publics, présentant le communisme comme la seule voie possible pour l'émancipation des travailleurs et la construction d'une société juste. Cependant, cette propagande a également été utilisée pour justifier la répression politique et l'élimination des opposants au régime. L'un des exemples les plus connus est la Grande Terreur de 1937-38, qui a vu l'arrestation et l'exécution de centaines de milliers de personnes soupçonnées de s'opposer au régime.

Ces campagnes de propagande ont été d'autant plus efficaces qu'elles ont été menées dans un contexte de crise économique, politique et sociale, propice à la désorientation et à la recherche de repères. Les régimes totalitaires ont ainsi exploité les peurs et les incertitudes de la population pour faire passer leur message et renforcer leur emprise sur la société.

Cependant, les campagnes de propagande des régimes totalitaires ont également montré leurs limites. Elles ont fini par susciter la méfiance et la résistance de certains groupes de la population, notamment les intellectuels et les artistes, qui ont critiqué ouvertement le régime. Les mouvements de résistance ont également contribué à délégitimer la propagande et à mobiliser l'opinion publique contre le régime.

En conclusion, les campagnes de propagande menées par les régimes totalitaires ont été des exemples frappants de manipulation de masse. Ils ont utilisé des techniques sophistiquées pour contrôler l'opinion publique et imposer leur idéologie. Toutefois, ces campagnes ont également montré leurs limites, notamment en raison de la résistance de certains groupes de la population. Il est important de comprendre ces mécanismes pour éviter de tomber dans les mêmes pièges à l'avenir.

L'influence des médias dans les guerres et les conflits (ex. guerre du Vietnam, guerre en Irak)

La guerre est souvent utilisée comme un moyen de manipulation de masse pour justifier les actions et rallier le soutien de la population. Les médias ont un rôle crucial dans la façon dont les conflits sont perçus et compris par le public, ainsi que dans la manière dont les gouvernements peuvent justifier leur intervention dans les conflits armés.

Prenons l'exemple de la guerre du Vietnam. Les médias ont joué un rôle important dans la formation de l'opinion publique et l'opposition à la guerre. Les images de soldats américains tués ou blessés, ainsi que de civils vietnamiens innocents, ont choqué l'opinion publique et ont contribué à la montée de l'opposition à la guerre aux États-Unis. Les reportages des journalistes tels que Walter Cronkite ont également contribué à faire comprendre aux gens les coûts humains de la guerre et ont alimenté le mouvement de protestation.

Cependant, l'impact des médias sur la guerre ne s'arrête pas là. Les médias ont également un rôle important à jouer dans la façon dont les gouvernements justifient leur intervention dans les conflits armés. Par exemple, dans le contexte de la guerre en Irak, les médias ont largement diffusé les allégations selon lesquelles le régime irakien de Saddam Hussein possédait des armes de destruction massive, ce qui a servi de justification à l'invasion de l'Irak par les États-Unis. Cependant, ces allégations se sont révélées fausses, et de nombreux critiques ont accusé les médias d'avoir été manipulés par le gouvernement américain pour soutenir la guerre.

Il est important de souligner que les gouvernements peuvent manipuler les informations diffusées dans les médias pour susciter des réactions émotionnelles et justifier des actions militaires controversées. Par conséquent, il est important pour les citoyens de rester vigilants et critiques vis-à-vis des informations qu'ils reçoivent, en faisant preuve de discernement et en examinant les sources d'information de manière approfondie.

Les journalistes, quant à eux, ont également un rôle

important à jouer pour éviter la manipulation de l'information pendant les conflits armés. Ils doivent s'efforcer de fournir des informations précises et équilibrées sur les événements en cours, en les vérifiant auprès de plusieurs sources fiables. De plus, ils doivent être conscients de leur responsabilité envers le public et s'efforcer de faire preuve d'impartialité et d'objectivité.

Enfin, il est important de noter que les médias peuvent également jouer un rôle positif dans la résolution des conflits armés. En couvrant les événements de manière objective et en encourageant le dialogue entre les parties en conflit, les médias peuvent contribuer à la réduction des tensions et à la promotion de la paix.

Campagnes de marketing politique réussies (Barack Obama, Brexit, Donald Trump)

La manipulation de masse est une pratique courante dans le monde de la politique, où les campagnes de marketing politique sont utilisées pour influencer l'opinion publique et remporter les élections. Les campagnes de marketing politique réussies, telles que celles menées par Barack Obama, Brexit et Donald Trump, ont été étudiées pour comprendre les techniques de persuasion et d'influence utilisées pour obtenir des résultats.

La campagne de Barack Obama en 2008 est considérée comme l'une des campagnes de marketing politique les plus réussies de tous les temps. Le slogan «Yes We Can» a été largement utilisé pour mobiliser les électeurs, en

particulier les jeunes et les minorités, et le message d'espoir
et de changement a été répété de manière cohérente
tout au long de la campagne. La campagne a également
utilisé les réseaux sociaux de manière efficace, en utilisant
les plateformes pour mobiliser les électeurs, diffuser des
messages clés et collecter des fonds.

Brexit, la campagne qui a conduit au départ du Royaume-
Uni de l'Union européenne en 2016, est un exemple de
campagne de marketing politique réussie qui a utilisé des
techniques de manipulation émotionnelle pour influencer
les électeurs. La campagne a mis l'accent sur la peur de
l'immigration, en utilisant des slogans tels que «Retrouver
le contrôle» pour promouvoir la souveraineté nationale et
l'indépendance. Les partisans de la campagne ont également
utilisé les médias sociaux pour diffuser des informations
trompeuses et des fausses nouvelles, renforçant ainsi la
polarisation et la désinformation.

La campagne de Donald Trump en 2016 est également un
exemple de campagne de marketing politique réussie qui
a utilisé des techniques de persuasion et d'influence pour
mobiliser les électeurs. La campagne a mis l'accent sur le
message «Rendre sa grandeur à l'Amérique», qui a été répété
de manière cohérente tout au long de la campagne. La
campagne a également utilisé les médias sociaux de manière
efficace, en utilisant des tactiques telles que le micro-ciblage
et les publicités personnalisées pour atteindre des groupes
spécifiques d'électeurs.

Ces campagnes de marketing politique réussies ont toutes
utilisé des techniques de persuasion et d'influence pour

mobiliser les électeurs et gagner des votes. Les techniques utilisées comprennent la répétition de messages clés, l'utilisation de slogans simples et mémorables, l'utilisation des médias sociaux pour mobiliser les électeurs, et la création d'une polarisation pour renforcer les opinions.

L'impact des réseaux sociaux sur les révolutions et les mouvements sociaux (printemps arabe, mouvement Occupy, Gilets Jaunes)

Les réseaux sociaux ont eu un impact majeur sur les mouvements sociaux et les révolutions dans le monde entier. Leur capacité à faciliter la diffusion rapide de l'information et à mobiliser des masses de personnes a créé de nouvelles opportunités pour les mouvements de contestation. Cependant, leur rôle dans ces mouvements a également soulevé des questions sur la manière dont ils peuvent être utilisés pour influencer et manipuler les opinions publiques.

Le Printemps Arabe a été l'un des premiers exemples de la capacité des réseaux sociaux à mobiliser rapidement les masses. En Tunisie, l'activiste politique Mohamed Bouazizi s'est immolé par le feu pour protester contre le harcèlement policier. Les photos de son corps enflammé ont été partagées sur Facebook et Twitter, créant une vague de protestations qui a finalement conduit à la chute du président Zine El Abidine Ben Ali. Les réseaux sociaux ont également joué un rôle important dans les mouvements de contestation en Égypte, en Libye et en Syrie.

Le mouvement Occupy a également utilisé les réseaux sociaux pour mobiliser et organiser les protestations. Les manifestations ont commencé dans le parc Zuccotti de New York en septembre 2011, mais se sont rapidement répandues dans d'autres villes américaines et du monde entier. Le hashtag #OccupyWallStreet a rapidement pris de l'ampleur sur Twitter, permettant aux manifestants de partager des informations et des photos en temps réel.

Les Gilets Jaunes en France ont également été largement mobilisés grâce aux réseaux sociaux. Le mouvement a commencé en novembre 2018 en réponse à une augmentation de la taxe sur les carburants, mais s'est rapidement transformé en une protestation plus large contre la politique économique du gouvernement. Les Gilets Jaunes ont utilisé les réseaux sociaux pour organiser des manifestations, partager des vidéos de violences policières et mobiliser l'opinion publique.

Cependant, les réseaux sociaux ont également été utilisés pour manipuler l'opinion publique et influencer les résultats des élections. En 2016, des trolls russes ont utilisé les réseaux sociaux pour influencer l'élection présidentielle américaine en faveur de Donald Trump. Ils ont créé de faux comptes pour diffuser des informations trompeuses, semer la discorde et encourager la polarisation politique.

Il est important de noter que l'impact des réseaux sociaux sur les mouvements sociaux n'est pas toujours positif. Les réseaux sociaux peuvent amplifier les voix de ceux qui sont sous-représentés et marginalisés, mais ils peuvent également être utilisés pour diffuser de fausses informations et manipuler l'opinion publique. Il est donc essentiel de comprendre comment les réseaux sociaux sont utilisés dans

les mouvements sociaux et de promouvoir une utilisation
responsable et éthique de ces outils.